JN437723

스마트 반야심경

스트레스 백신
스마트 반야심경

초판 1쇄 발행 2015년 10월 31일
초판 2쇄 발행 2015년 12월 15일

지은이 | 전재근
펴낸이 | 김예옥
펴낸곳 | 글을읽다

437-829 경기도 의왕시 포일동 83-1(2F)
등록 2005.11.10 제138-90-47183호
전화 031)422-2215, 팩스 031)426-2225
이메일 geuleul@hanmail.net

표지·본문 디자인 | 조진일

ISBN 978-89-93587-16-6 03220

스트레스 백신

스마트 반야심경

글 · 그림 | 전재근

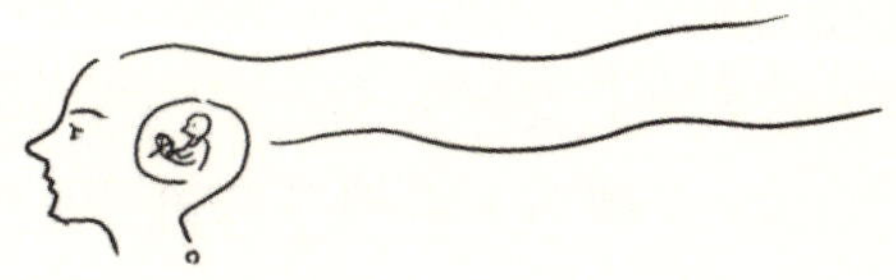

| 들어가는 글 |

스트레스나 불안 · 공포가 없는 세상에서 사는 것은 행복한 일이다. 우리는 내가 겪고 있는 스트레스와 불안이 무엇인지 잘 알지만 벗어나기가 힘들다. 스트레스와 불안의 대부분은 일상생활과 업무에서 남과의 비교에서 비롯되며 마음의 갈등으로 발전되어 나와 사회를 괴롭힌다. 스트레스를 받지 않고 이미 받은 것도 날려버리려 많은 노력을 하나 변종을 거듭하는 신종 바이러스처럼 새로운 형태의 스트레스가 또 몰려온다.

지혜의 눈으로 비교의 실상을 밝혀 스트레스나 불안 · 공포에서 자유로워지는 비법이 있다. 그 비법이 지혜의 극치인 「반야심경, *Heart Sutra*」 속에 스마트하게 담겨있다. 이 속에는 발상의 전환이 돋보이는 놀라운 스트레스 예방법들이 오묘하게 압축되어 있다.

저자는 지혜로운 안목으로 세상을 여유롭게 사는, 진정한 스트레스 백신인 「반야심경」 압축파일을 푸는 방법을 소개하고자 한다. 무엇보다 젊은이들이 실생활에 활용할 수 있도록 현대적 감각에 맞는 대화형식으로 각색하였고 삽화를 곁들여 이해를 돕고자 하였다.

2015년 10월 저자

| 차례 |

들어가는 글 • 4

스트레스 백신 발표회 • 9

지혜의 완성 「반야심경」 • 15

텅 비우고 남는 것 • 22

본래 없었던 것 22 | 마음의 초기화 26 | 사리자의 질문 27

발상의 전환 • 29

스트레스 신고 29 | 역逆 견물생심 31 | 시스템으로 보기 32 | 스트레스 날리기 40

비교의 원칙 • 44

없는 것과의 비교 44 | 있는 것과 없는 것 45 | 색과 공 48 | 잘나고 못난 것 50 | 인식과정의 실상 52

절대비교의 원칙 • 55

삶과 죽음 55 | 더럽고 깨끗함 57 | 부유함과 가난 59 | 늘고 줆 60

스트레스 받는다는 생각 • 63

사건의 인식 65 | 판단하는 주인 68 | 앎과 모름 72 | 생각하기 전으로 74

세계와 영역 • 77

세계의 실상 77 | 늙음과 죽음 81

새로운 세상을 찾다 • 88

스트레스 없는 세계 88 | 스트레스, 불안, 공포의 끝 90 | 니르바나 94

니르바나 멤버쉽 • 98

깨달음 98 | 반야바라밀다 주문 101 | 주문과 만트라 103 | 부분과 융합 107

대담 코멘트 • 109

색의 대표성 109 | 종교적 믿음과 실상 112 | 불이문 116 | 산중불교의 폐쇄성 121 | 생사윤회 125 | 인연과 화학반응 128 | 본심과 마음 130 | 본심 자심 불심 137 | 현실 속에서의 본심 140 | 스텔스 기능 142 | 듣는 놈을 봐라 143 | 비교의 코멘트 146 | 특허권 코멘트 148 | 니르바나의 실체 149 | 마음과 몸의 동행 151

각색 반야심경 • 155

나가는 글 • 166

스트레스 백신 발표회

요즘 전 교수의 연구실을 방문하는 세 명이 말을 주고받았다.

"오늘 스트레스 백신을 발표하신다는데 그게 무슨 말입니까?"

"「반야심경」 대담을 갖기로 하지 않았던가요?"

"그랬지요. 그런데 갑자기 스트레스 백신 발표회라니요?"

모두 영문을 모르겠다는 표정이다.

이들은 전 교수의 저서 『보는 놈을 봐라』의 독자들로 전부터 서로 알고 지내는 사이이다. 전 교수의 연구실은 숲속의 낡은 건물에 자리 잡고 있다. 학생과 교수들로 북적이던 수원에 있는 S대학교 농대 캠퍼스였으나 지금은 다른 용도로 사용되고 있다. 오랜 전통을 지닌 캠퍼스의 역사와 함께 자란 거목들 속에 묻혀 있는 건물들은 한 폭의 그림과 같다.

보통 신상품 발표회라면 많은 사람들이 모여 성대하게 행사를 갖는데 어찌된 일인지 고요했다. 전 교수가 끓여주는 따뜻한 커피 한 잔 씩을 마시면서 한 분이 말을 했다.

"교수님, 오늘 「반야심경」 강의 하신다고 하셨는데 '스트레스 백신 발표회'를 갖는다고 다시 연락을 받았습니다. 많은 사람들이 오실 터인데 저희들이 뭐 좀 도와드릴까요?"

전 교수는 웃으면서 말하였다.

"아무도 안 와요. 당신들이 전부야. 진짜로 중요한 신상품은 은밀하게 그리고 믿을 수 있는 소수의 사람들에게 먼저 발표하는 것입니다."

'스트레스 백신 간담회'는 이렇게 시작되었다.

독자의 이해를 돕기 위해 간담회에 참석한 세 분을 '햇님', '달님', '별님'으로 부르기로 하였고 전 교수를 '오달님'이라는 법명을 사용하기로 하였다.

둥근 탁자에는 인쇄물이 놓여 있고 오달님이 이야기를 시작하였다.

"요즘 스트레스, 스트레스 하는데, 이것을 한방에 무력화시키는 강력한 '스트레스 백신'이 있습니다. 이것이 뭐냐하면 바로 여기에 놓인 「반야심경」 입니다."

오달님은 「반야심경」을 나누어 주고는 계속 말을 이어갔다.

"이 경전이 세상에 모습을 드러낸 것이 2600여 년 전이니 스트레스는 옛날부터 큰 문제였던 것 같습니다. 그 당시에도 이 경전을 보고는 사람들이 무척 놀랐을 것입니다."

"왜 놀랐습니까?" 햇님이 묻자 오달님은 이렇게 말하였다.

"왜냐하면 이 「반야심경」 속에는 스트레스와 불안 공포를 다스리는 비법이 고스란히 담겨있기 때문입니다. 오늘날 같은 첨단과학시대에도 충분히 놀라고도 남을 정도로 마음의 응어리를 푸는 방법을 스마트하게 압축해 놓았습니다."

"오달님, 「반야심경」이 어떤 것이기에 스트레스를 한방에 날려버린다는 것입니까?" 별님이 물었다.

"우리가 매일 공기와 물을 마시면서 사는 것처럼 뭔가를 생각하고 행동할 때마다 알게 모르게 적용되는 법이 마음가짐인데 그것이 이 「반야심경」 속에 들어있습니다."

"오달님, 「반야심경」이라고 하셨는데 불교의 「반야심경」과 같은 것입니까?" 기독교 신자인 별님은 타 종교의 경전을 보는 것이 좀 마음에 걸리는 것 같았다. 이것도 별님에게는 분명 스트레스일 것이 뻔하다.

오달님이 답하였다.

“그렇습니다. 그러나 오늘 이야기하는 「반야심경」은 우리나라 불교계 일각에서는 인정하려고 하지 않을지도 모릅니다.”

“왜요?” 라며 모두 의아한 표정을 지었다.

“우리나라에서는 경전에 손을 대는 것을 금기시하는데 「반야심경」을 내 나름대로 각색하였기 때문입니다. 나는 「반야심경」이 특정 종교의 경전이라는 이유로 한 종교의 테두리 속에 갇혀 그 진가가 발휘되지 못하는 것이 무척 안타깝습니다.”

“그래도 내용이 좋으면 입소문을 타고 알려지는 것 아닌가요?”

별님이 말하자, 오달님이 이렇게 말하였다.

“우선 종교가 다르면 마치 봐서는 안 될 것을 본 것처럼 고개를 돌려버리는데 어떻게 입소문이 납니까? 내용이 무엇인지 알아보려고도 하지 않습니다. 만일 일반서적으로 출판되었다면 그 진가가 돋보여 더 많은 사람들의 사랑을 받았을 것입니다. 이 숲속의 다람쥐만 해도 도토리가 어느 나무에서 떨어졌건 따지지 않고 잘들 먹는데 말입니다.”

그러자 달님이 고개를 끄덕이면서 입을 열었다.

“맞습니다. 학교에서는 국어, 영어, 수학을 다른 선생님들한테서 배우면서 진리를 가르친다는 종교를 믿으면 왜 그리도 편협해지는지 모르겠습니다.”

마음이 꺼림칙했던 별님은 이 말에 오히려 흥미를 보이는 것 같았다.

“「반야심경」을 알기 쉽게 소개해 주십시오.”

오달님이 앞에 놓인 「반야심경」을 한 장씩 넘기면서 말을 이어 갔다.

“「반야심경*Prajna Paramita*」은 ‘부처님Buddha’과 그의 제자인 ‘사리자Sariputra’와의 대화 내용입니다. 보시는 것처럼 한자로 270자밖에 안 되는 아주 짧은 경전입니다. 그런데 이 속에 색깔도 모양도 무게도 냄새도 없는 마음의 성질과 기능을 오묘하게 압축해 놓았습니다. 그래서 마음을 닦는 수행자들이 늘 암송하며 마음에 지니는 경전입니다.”

햇님이 찻잔을 만지면서 이렇게 말하였다.

“오달님, 오늘은 스트레스 풀자고 하시면서 힘든 한자로 된 경전을 꺼내서 스트레스를 주시네요.”

그러자 모두 웃었다.

오달님은 말했다. “현대인들은 옛날에는 꿈도 꿀 수 없었던 풍족한 생활을 합니다. 자가용과 비행기를 타고 온갖 곳을 다 다닙니다. 모든 문제를 척척 풀어주는 인터넷과 스마트폰을 손에 들고 있으면서도 너도나도 스트레스 속에서 산다고 야단입니다.”

그러자 별님이 말하였다.

“오달님, 「반야심경」으로 스트레스와 불안을 날려버릴 수만 있다면 젊은이들이 꼭 봐야할 것 같습니다.”

별님의 이 말에 햇님도 덧붙여 말하였다.

“젊은이들만의 문제가 아닙니다. 어린 초등학교 학생들도 아예 스트레스라는 말을 입에 달고 삽니다. 친구들한테 왕따 당할까? 성적 안 올라 엄마한테 야단맞을까? 불안해합니다. 좀 커 보세요. 거울을 뻔질나게 보면서 코가 어떻다느니, 키가 누구보다 작다느니, 입고 나갈 만한 옷이 없다느니 불만투성이입니다. 자기도 스트레스를 받지만 그런 말을 듣는 부모님 마음은 편하겠습니까? 이거 몽땅 스트레스입니다."라고 하였다.

오달님은 "그렇습니다. 스트레스가 쌓이면 불안해지고 근심걱정으로 바뀌면서 결국은 공포를 느끼게 되지요, 그리고는 끝내 병으로 발전하게 됩니다. 그런데 스트레스는 다른 사람들과 생활하면서 마음속에서 미묘하게 만들어져 주고받는 것이기 때문에 마음으로 지혜롭게 풀어야 합니다. 커피 한잔씩 드시고 여유롭게 스트레스를 날려 보낼 수 있는 지혜의 완성 「반야심경」을 보기로 하지요."라고 말하였다.

지혜의 완성 「반야심경」

마음은 모양도 무게도 냄새도 색깔도 없다.
그러나 마음을 묘사한 「반야심경」은
여러 가지 모양을 갖고 있다. 한문, 한글 그리고
영문 「반야심경」을 탁자 위에 올려놓고
대담을 이어갔다.
스트레스백신이란 이름으로 대담을 하였으니
스트레스를 날려 보낼 수 있는 내용이 무엇인지,
그리고 대담 중에 어떤 말들이 오갔는지
보기로 하자.

摩訶般若波羅蜜多心經

觀自在菩薩 行深般若波羅蜜多時 照見 五蘊皆空 度一切苦厄. 舍利子 色不異空 空不異色 色卽是空 空卽是色 受想行識 亦復如是. 舍利子 是諸法空相 不生不滅 不垢不淨 不增不減 是故空中無色 無受想行識 無眼耳鼻舌身意 無色聲香味觸法 無眼界乃至 無意識界 無無明 亦無無明盡 乃至 無老死 亦無老死盡 無苦集滅道 無智亦無得 以無所得故 菩提薩陀 依般若波羅蜜多故心無罣碍 無罣碍故 無有恐怖 遠離顚倒夢想 究竟涅槃 三世諸佛 依般若波羅蜜多 故得阿耨多羅三藐三菩提 故知 般若波羅蜜多 是大神呪 是大明呪 是無上呪 是無等等呪 能除一切苦 眞實不虛 故說 般若波羅蜜多呪 卽說呪曰

揭諦揭諦 波羅揭諦 波羅僧揭諦 菩提娑婆訶 (三回)

관자재보살 행심반야바라밀다시 조견 오온개공 도일체고액 사리자 색불이공 공불이색 색즉시공 공즉시색 수상행식 역부여시 사리자 시제법공상 불생불멸 불구부정 부증불감 시고 공중무색 무수상행식 무안이비설신의 무색성향미촉법 무안계 내지 무의식계 무무명 역무무명진 내지 무노사 역무노사진 무고집멸도 무지역무득 이무소득고 보리살타 의반야바라밀다고 심무가애 무가애고 무유공포 원리전도몽상 구경열반 삼세제불 의반야바라밀다 고득아뇩다라삼먁삼보리 고지 반야바라밀다 시대신주 시대명주 시무상주 시무등등주 능제일체고 진실불허 고설 반야바라밀다주 즉설주왈

아제아제 바라아제 바라승아제 모지사바하(3회)

이것이 그 유명한 한자판 「반야심경」의 모습이다.

"자, 햇님이 읽어 보시겠습니까?" 오달님이 말하자 햇님이 천천히 읽었는데 2분도 안 걸렸다. 그리고 별님이 이렇게 말하였다.

"요새 이런 한문을 아는 사람이 얼마나 될까요? 한자로 자기 부모의 이름도 쓸 줄 모르는데. 그리고 낯선 어려운 한자가 꽤 많습니다."

별님의 말에 모두 공감하였다. 요즘 젊은 세대의 관심을 끌 수 없다는 뜻이다. 다음으로 우리말로 번역한 한글 「반야심경」을 달님이 읽었다.

마하반야바라밀다심경

'관자재보살'이 깊은 '반야바라밀다'를 행할 때, 오온이 공한 것을 비추어 보고 온갖 고통에서 건지느니라. 사리자여, 색이 공과 다르지 않고 공이 색과 다르지 않으며, 색이 곧 공이요 공이 곧 색이니, 수 · 상 · 행 · 식도 그러하니라.

사리자여, 모든 법은 공하여 나지도 멸하지도 않으며 더럽지도 깨끗하지도 않으며 늘지도 줄지도 않느니라. 그러므로 공 가운데는 색이 없고 수 · 상 · 행 · 식도 없으며 안 · 이 · 비 · 설 · 신 · 의도 없고 색 · 성 · 향 · 미 · 촉 · 법도 없으며 눈의 경계도 의식의 경계까지도 없고 무명도 무명이 다함까지도 없으며 늙고 죽음도 늙고 죽음이 다함까지도 없고 고 · 집 · 멸 · 도도 없으며 지혜도 얻음도 없느니라. 얻을 것이 없는 까닭에 보살은 반야바라밀다를 의지하므로 마음에 걸림이 없고 걸림이 없으므로 두려움이 없어서 뒤바뀐 헛된 생각을 멀리 떠나 완전한 열반에 들어가며 삼세의 모든 부처님도 '반야바라밀다'를 의지하므로 최상의 깨달음을 얻느니라. '반야바라밀다'는 가장 신비하고 밝은 주문이며 위없는 주문이며 무엇과도 견줄 수 없는 주문이니 온갖 괴로움을 없애고 진실하여 허망하지 않음을 알지니라.

이제 '반야바라밀다주'를 말하리라
아제아제 바라아제 바라승아제 모지 사바하 (3회).

"역시 우리말로 된 것이라 훨씬 쉽군요."라고 별님이 말하였다. 다음은 달님이 영문판을 읽었다.

The Heart Sutra-Prajna Paramita

When *Bodhisattva Avalokiteshvara* was practicing the profound *Prajna Paramita*, he illuminated the five *Skandhas* and saw that they are all empty, and he crossed beyond all suffering and difficulty.

Shariputra, form does not differ from emptiness; emptiness does not differ from form. Form itself is emptiness; emptiness itself is form. So too are feeling, cognition, formation, and consciousness. *Shariputra*, all dharmas are empty of characteristics. They are not produced, not destroyed, not defiled, not pure; and they neither increase nor diminish. Therefore, in emptiness there is no form, feeling, cognition, formation, or consciousness; no eyes, ears, nose, tongue, body, or mind; no sights, sounds, smells, tastes, objects of touch, or dharmas; no field of the eyes up to and including no field of mind consciousness; and no ignorance or ending of ignorance, up to and including no old age and death or ending of old age and death.

There is no suffering, no accumulating, no extinction, and no way, and no understanding and no attaining. Because nothing is attained, the *Bodhisattva* through reliance on *Prajna Paramita* is unimpeded in his mind.

Because there is no impediment, he is not afraid, and he leaves distorted dream-thinking far behind. Ultimately *Nirvana*! All *Buddhas* of the three periods of time attain *Anuttara Samyak Sambodhi* through reliance on *Prajna Paramita*. Therefore know that *Prajna Paramita* is a Great Spiritual *Mantra*, a Great bright *Mantra*, a supreme *Mantra*, an unequalled *Mantra*.

It can remove all suffering; it is genuine and not false. That is why the mantra of *Prajna Paramita* was spoken. Recite it like this:

GatéGatéParagatéParasamgatéBodhi Svaha! (Repeat 3 times)

영문판을 읽은 달님은 자기의 소감을 말하였다.

"낯선 고유명사를 빼고는 고등학교를 졸업한 정도면 이해할 수 있겠습니다."

세 분 모두가 한문판은 힘들고 한글과 영문판을 봐야만 내용을 알 수 있다는 것이다. 그래서 영문, 한글, 한문판을 같이 보면서 이야기를 나누기로 하였다. 한글이나 영문판은 모두 한문판을 번역한 것인데 여러 가지 번역판이 있다.

번역판에 대하여 오달님이 말하였다.

"여기에 소개한 영문판은 서양 사람이 중국어판을 직역한 것입니다. 최근에 베트남의 틱낫한 스님이 그 뜻을 쉽게 알 수 있도록 의역한 것도 있습니다. 마음이란 말과 뜻의 해석에 있다기보다 마음으로 어떻게 받아들이느냐에 달려있기 때문에 가장 널리 사용되는 것을 택했습니다."

오달님이 「반야심경」 해설을 시작했다.

“제목이 ‘마하반야바라밀다심경’인데 ‘마하’는 크다, ‘반야바라밀다’는 ‘지혜로운 행동’을 말합니다. 행동은 마음을 갖고 하는 것이기 때문에 심경心經이라고 합니다. 서양에서도 마음의 경전Heart sutra이라고 부르며 지혜의 완성 또는 지혜의 극치라고도 의역을 합니다. 지혜의 극치니 완성이니 하는 이유는 발상의 전환이 아주 돋보이기 때문입니다.”

그러자 별님이 물었다.

“어째서 발상의 전환이라고 하셨나요?”

오달님이 이렇게 답하였다.

“세상을 보는 방법이 일반인들과는 완전히 다르다는 것입니다.”

그러자 별님이 되물었다.

“어떻게 다른데요?”

오달님이 계속하였다.

"예를 들면 내가 눈으로 분명히 본 것을 없다고 합니다. 보는 것만 그런 것이 아니라 생각하고 행동하는 법도 다릅니다. 그래서 그냥 읽어서는 무슨 말인지 감을 잡을 수가 없습니다. 그뿐 아니라 요점만을 압축해 놓았기 때문에 그 뜻을 바로 알기가 쉽지 않습니다."

"오달님, 그러면 어떻게 읽고 이해해야 하는지 먼저 말씀해주시지요."

별님이 요청하였다.

"이 경의 주어는 '마음'이고 '부처님'이 말씀하셨고 '사리자'가 들었기 때문에 각 문장마다 주어와 두 분의 이름을 붙여 봐야겠지요. 왜냐하면 '부처님'만 말씀하시고 '사리자'는 그냥 듣고만 있지는 않았을 것이기 때문입니다."

오달님이 설명을 시작하였다.

텅 비우고 남는 것

본래 없었던 것

"자, 그러면 「반야심경」의 첫 문장을 자세히 보도록 합시다. 한글, 영문은 달님과 별님이 읽으시고 한자판은 한문을 잘 아시는 햇님이 맡아야 할 것 같습니다."

오달님은 세 분에게 부탁하였고 읽은 부분을 아래와 같이 글상자에 옮겨 놓았다.

> 관자재보살이 깊은 반야바라밀다를 행할 때, 오온이 공한 것을 비추어보고 온갖 고통에서 건지느니라.

When *Bodhisattva Avalokiteshvara* was practicing the profound *Prajna Paramita*, he illuminated the five *Skandhas* and saw that they are all empty, and he crossed beyond all suffering and difficulty.

觀自在菩薩 行深般若波羅蜜多時 照見 五蘊皆空 度一切苦厄

각자 읽기를 마치자 오달님이 설명을 하였고 '부처님'과 '사리자'의 대화 부분은 글상자 안에 표시하였다.

"자, 그러면 첫 문장을 한번 알기 쉽게 각색해 보도록 하겠습니다. '부처님'은 이렇게 말씀하셨다고 봅니다."라고 오달님이 말하였다. 각색한 부분은 [괄호]로 구분하였다.

[관자재보살이 '반야바라밀다'를 행할 때는 우리들의 몸과 마음이 텅 빈 무아 속에 머물게 되어 온갖 고액에서 벗어날 수 있다.]

“이 첫 번째 문장 속에 「반야심경」의 모든 것이 다 들어있습니다. 그리고 본문을 이해하는 데도 아주 중요합니다. 특히 ‘텅 비었다’는 것을 잘 알아야 합니다. ‘텅 비었다’는 것은 공간적으로 비었다는 것이 아닙니다.” 그러자 햇님이 물었다.

“허공과 같이 아무것도 없는 그런 빈 것이 아닌가요?”

“아닙니다. 오온이란 자신을 이루고 있는 몸과 정신을 말합니다. 몸을 보면 지수화풍地水火風으로 대변되는 물질적 4대 요소와 자신을 운영하는데 필요한 정신이 뭉친 다섯 덩어리(五蘊, five aggregates, 산스크리트어로는 five Skandhas)로 이루어져 있습니다. 육신은 물질이기 때문에 죽으면 흙이나 물 공기로 바뀌어 사라지는 것 같지만 본래의 원소들로 돌아가기 때문에 완전히 없어지는 것은 아닙니다. 한편 정신이라는 것은 마음을 뜻하는데 두려운 마음이나 즐거운 마음이나 억울한 마음이 일어나기 전으로 되돌아가면 흔적도 없이 텅 빈 마음이 됩니다. 본래는 없었던 것들이니까요.”

“……”

듣기만 하고 아무도 말이 없는 것을 보니 이해가 잘 안 되는 것 같았다. 오달님이 계속 설명하였다.

“이것은 물질과 마음을 어떻게 보느냐와 관계가 있습니다. 물질은 태초에 어떻게 생기게 되었는가? 라는 근본적인 문제와 직결되어 있습니다. 부처님은 세상에 존재하는 모든 것은 마음이 만들었다一切唯心造’라고 하셨습니다.”

달님도 이상한지 질문을 하였다.

"그런데 그것과 텅 비었다는 것과는 무슨 관계가 있는데요?"

그러자 오달님이 다시 설명하였다.

"'반야바라밀다'를 행하여 지혜의 눈으로 본다는 것은 태초에 있었던 '본심'으로 되돌아가서 세상을 본다는 것과 같습니다. '본심'을 되찾으면 물질도 마음에서 생겼기 때문에 생겨도 같이 생기고 없어져도 같이 없어지는 것입니다. 본래 없었으니까요. 아무것도 없는 것이 '본심'입니다. '반야바라밀다'를 행한다는 것은 '본심'으로 돌아왔다는 말입니다. 이미 '본심'으로 돌아와 보니 그곳에는 아무것도 없다는 것입니다. 그러니 불안이라든가 고통이고 액난이고 뭐 남아 있겠습니까!

그러니 '본심'을 찾고 보면 스트레스와 불안과 공포로 가득한 고해의 바다를 이미 건넜다는 것입니다."

마음의 초기화

설명이 끝났는데도 다들 말이 없자 오달님은 다시 말을 계속하였다.

"여러분, 컴퓨터를 사용하시지요? 오래 쓰다보면 바이러스에 감염되어 속도가 느려지거나 마우스나 자판이 작동하지 않을 때가 있지요. 이럴 때 어떻게 하십니까?"

오달님이 묻자, A/S를 받는다, 포맷한다, 공장 출고상태로 되돌리는 프로그램을 실행한다, 새로 산다는 등 여러 가지 해결방법들을 열거하였다. 그러자 오달님이 말하였다.

"맞습니다. 잘들 아시는군요. 마음이 꼬여 힘들면 이 세상 태어나기 직전의 마음인 '본심'으로 되돌려 놓는 것입니다."

오달님은 잠시 세 분의 반응을 살피고는 계속하였다.

"「반야심경」을 이해하려면 '부처님'과 '사리자'가 대화를 나눌 당시로 돌아가 상황을 잘 상기해볼 필요가 있습니다. '부처님'의 말씀에 앞서 '사리자'가 먼저 질문을 드렸다고 보면 좋습니다. 왜냐하면 묻지도 않았는데 '부처님'이 말씀을 하셨겠습니까? 아마도 이런 질문이 아닐까요?"라고 하면서 오달님은 다음과 같이 각색하셨다.

사리자의 질문

[부처님, 우리들은 몸을 갖고 태어나 생 · 로 · 병 · 사의 고통 속에서 살고 있습니다. 더위와 추위, 홍수, 가뭄, 지진과 같은 자연재해에다 전염병, 도둑, 사기, 강도, 전쟁 등과 같은 액난들을 겪으면서 늘 두려움과 공포 속에서 삽니다. 그뿐 아니라 개인적으로는 욕심, 분노, 어리석은 생각을 하면서 한시도 편치가 않습니다. 어떻게 하면 몸과 마음 모두 고통과 액난에서 벗어나서 행복하게 살 수 있습니까?]

이 질문에 부처님이 이렇게 말씀하셨을 것입니다.

[사리자여, 관자재보살이 어떤 분이라는 것을 알고 있지 않느냐?]

[예, 부처님. 관자재보살님은 중생들이 고통에 신음하는 소리를 빠짐없이 듣고는 달려가 고통을 없애주시는 자비의 보살님이십니다. 그래서 대자대비 관세음보살이라고도 합니다.]

오달님이 계속 설명하였다.

"'관자재보살'은 수많은 중생들을 보살피는 분으로 일명 '관세음보살'이라고 하며 천 개의 손千手과 천 개의 눈千眼을 가진 '천수천안관세음보살'이라고도 합니다."

별님이 입을 열어 오달님을 보면서 이렇게 말하였다.

"어떻게 사람이 천 개의 눈과 손을 가질 수 있으며 수많은 중생의 소리를 듣는다는 것도 너무 허황된 이야기 아닙니까? 혹시 신이라면 모를까?"

“그래요. 절에서는 ‘관자재보살’을 신으로 신앙하고 있으니 말이 되지요!”라고 달님이 덧붙인다.

오달님이 말하였다.

“흔히 그렇게 생각할 수 있을 것입니다. 그러나 제 생각은 좀 다릅니다. 신(神, god)이라는 것은 사람이 만들어낸 놀라운 아이디어입니다만 너무 막연한 것입니다. 막연하다는 것은 앞으로 천년이 지나도 그 실체를 보기 힘들다는 말입니다. 그런데 ‘천수천안관세음보살’은 현실적으로 나타나고 있습니다.”

발상의 전환

스트레스 신고

"'관자재보살'의 실체를 말해보기로 하지요. 집에 불이 나거나 큰 사고를 당하여 위급하면 어떻게 합니까?"

"119, 112로 전화하면 됩니다."라고 이구동성으로 말하였다.

"'관자재보살'이 바로 119, 112의 능력을 가진 존재입니다. 천 개의 곳에서 동시에 불이나 교통사고가 나도 모두 접수하고 현장으로 출동합니다. 이것은 누가 만들었습니까? 인간이 고난을 겪으면서 지혜를 총동원하여 만들어낸 '구고구란救苦救難' 지혜의 완성 실체입니다.

'관자재보살'의 문제 해결법은 통상적인 방법과는 아주 다릅니다. 다시 말해서 발상 자체가 다릅니다."

이 말에 별님이 말하였다.

"어떻게 다른데요?"

"불을 끄려고 물대포를 쏘는 것이 아니라, 사전에 불이 나지 않도록 하는 것입니다. 불을 끄는 것은 행차 뒤에 나팔 분다는 말과 같습니다."라고 오달님이 답하였다.

그러자 햇님이 말하기를 "그래도 불은 끄고 봐야지요?"

이 말에 오달님이 덧붙여 말하였다.

"불을 끄고 남는 것은 무엇입니까? 회복할 수 없는 재산의 손실, 참혹한 잿더미, 씻을 수 없는 마음의 상처뿐입니다. 불은 나지 않도록 해야 하는 것입니다. 불이 나는 것은 물건들이 마음과 따로 놀기 때문입니다. 늘 마음과 같이 있다면 불이 날 리가 없지요. 제 손가락에 불을 지릅니까? 물건과 마음을 따로 보지 말라는 것입니다."

별님이 오달님을 보면서 말하였다.

“불이 나면 꺼야지요. 내 재산이 몽땅 날아가는데요.”

이 말에 오달님은 다시 말하였다.

“물론 불은 더 번지지 않도록 꺼야겠지만 불을 끄는 것이 불이 안 나도록 하는 것보다 훨씬 힘들다는 것입니다. 불행한 일이지만 재산이 잿더미로 되었다고 합시다. 그래도 잃은 것 못지않게 얻은 것이 많다고 생각을 해야 합니다. 아무리 귀한 가재도구라도 내가 살려면 황급히 밖으로 뛰어 나가야 합니다. 목숨은 무엇과도 바꿀 수 없이 귀중한 것이니까요!”

그러자 달님이 말하였다.

“그랬으면 좋겠지만 그렇게 마음을 먹는다는 것이 쉽지 않지요. 하기야 보살님은 아무나 되는 것 아니니까!”

우리들의 생활과는 동떨어진 말이라는 것이다.

역逆 견물생심

오달님은 달님을 바라보면서 말을 계속하였다.

“또 다른 발상 전환의 예를 들어 보겠습니다. 꽃 한 송이를 본다고 합시다. 보통은 ‘눈에 꽃이 들어오니 아름답고 향기롭다’라고 생각합니다. 그런데 반야의 지혜를 가진 ‘관자재보살’은 ‘꽃을 생각하니 눈에 꽃이 보인다’는 것입니다. 즉 꽃에 마음을 줌으로써 보인다는 것입니다. 같은 것을 봐도 일반인은 수동적인데 반해 보살님은 능동적입니다."

오달님은 백지에 그림을 그려가며 화살표의 방향을 강조하였다. 일반인은 왼쪽과 같다면 보살님이 되면 오른쪽 그림과 같이 꽃을 본다는 것이다.

"견물생심見物生心에서 생심견물生心見物로 세상을 대한다는 것입니다. 다시 말해서 눈에 띄는 꽃보다 꽃을 보는 자기 자신을 바로 아는 것이 더 중요하다는 것입니다. 그런데 자기 자신이 과연 무엇이냐? 이것을 알아야 합니다."

시스템으로 보기

오달님은 다시 「반야심경」 이야기로 돌아와서 '부처님'과 '사리자'와의 대담을 각색했다.

[사리자여, 너는 지금 '관세음보살'은 중생의 고통소리를 빠짐없이 듣는다고 했느냐?]

[네, 그렇게 말씀드렸습니다.]

[사리자여, 너는 저 산 넘어 닭 우는 소리도 못 듣는데 어찌 온 세상의 중생의 소리를 듣는다고 할 수 있느냐?]

[부처님, 본심으로 사시는 분은 충분히 보고 들을 수가 있나이다.]

"여러분은 어떻게 생각하십니까?" 오달님이 물었다.

"요즘 세상에 누가 소리소리 칩니까? 스마트폰으로 연락하면 저 산 너머가 문제입니까! 수만리 떨어진 외국에서도 들리는데요!" 햇님이 재치있게 말을 받았다.

그러자 오달님은 이렇게 말하였다.

"바로 햇님의 그 말씀 속에 보살이 세상을 보는 방식이 들어 있습니다."

햇님은 다시 오달님에게 물었다.

"어째서요?"

오달님은 설명하였다.

"스마트폰으로 연락한다는 것은 사람의 목소리가 도달할 수 있는 거리의 한계를 넘어 소리를 듣게 만든 것이기 때문입니다. 이처럼 어떤 한계를 극복한다는 것은 발상의 전환 없이는 불가능합니다. 지금이야 소리를 감별하는 장치가 있어서 온갖 소리를 눈으로 보면서 분석을 합니다. 그러나 이런 장치가 없던 2600년 전에 소리를 본다는 말을 할 수 있었겠습니까? 그런데 '관세음보살觀世音菩薩'이란 명칭은 소리를 본다는 뜻이 들어 있지 않습니까! 이러한 발상의 전환을 어디서 찾아볼 수 있겠습니까!"

"저는 '관자재보살'을 그렇게는 생각해본 적이 없어요. 말씀을 듣고 보니 참으로 놀라운 발상의 전환이군요."

달님이 말하면서 또 물었다.

"우리 생활 속에서 소리처럼 안 보이는 것을 보는 예가 또 있나요?"

오달님이 답하였다.

"그렇습니다. 아주 많습니다. 병원에 가면 X-레이, 초음파, NMR로 진료를 받지요, 옛날에는 상상할 수도 없었던 뼈, 내장, 뇌는 물론 혈관 속까지 훤히 들여다보는 것 아닙니까! 집에서 사용하는 TV, 라디오, 스마트폰, 전자레인지, 각종 리모콘 들은 모두 보이지 않는 전자파를 이용한 것입니다. 길거리에 설치된 CCTV도 그렇습니다."

이 말에 달님이 말하였다.

"CCTV는 렌즈가 있던데요?"

이것은 카메라는 눈으로 보고 사물을 찍기 때문에 눈이 있는 것과 같다는 말이다. 오달님은 계속 설명하였다.

"이 CCTV의 눈은 빛으로 보는 그런 눈이 아닙니다. 전자파로 보는 장치입니다. 이 원리는 이렇습니다."

오달님은 백지에 그림을 그려가면서 말을 이어갔다.

햇님과 별님이 그림을 그리는 것을 유심히 보면서 "오달님, 그림 솜씨가 보통이 아니시네요."라고 흥미를 보였다.

오달님은 그림 속에 숫자를 매기면서 설명하였다.

첫째로 CCTV에서 전자파가 화살표 방향으로 퍼져나가도록 만들어 놓습니다.①②

두 번째로 그 전자파② 속으로 들어온 물체에서 반사되어 되돌아오는 반사 전자파③를 수집합니다. 여기 사람이 있는데 이 사람에 닿아 반사되는 것입니다.

셋째로 수집된 전자파를 영상으로 바꾸어 사람의 눈으로 볼 수 있도록 하는 것입니다①.

그런데 일반인들은 CCTV를 동작하는 장치와 영상으로 바뀌는 과정은 모릅니다. 그런데 '관자재보살'은 모든 과정들을 전부 볼 수 있습니다. 본심이 바로 이렇게 본다는 것입니다.

다시 말씀드리지만 우리는 눈으로 보지만 '반야바라밀다'를 행할 때는 ① ② ③을 모두 본다는 것입니다. 시스템을 알고 보는 것입니다. 이렇게 보는 마음을 '본심'이라 하고 본심으로 보는 것을 실상을 본다고 합니다. 실상은 참모습이란 말입니다."

별님이 좀 이상한지 질문을 하였다.

"오달님, 보살의 능력을 CCTV에 비유하시는 것은 너무 비약하시는 것 아닙니까? 그 옛날에는 무선통신도 없고 레이더도 없었을 터인데 개념 자체가 너무 비약적인 것 같습니다."

참으로 과학자다운 질문이다. 사실 개념이란 말은 이것저것을 보고 느낀 경험을 바탕으로 만들어내는 것이다. 그런데 수천 년 뒤에 나타날 현상을 예측한다는 것은 놀라운 발상의 비약 없이는 불가능한 것이다.

오달님은 설명하였다.

"'부처님'이 설한 「금강경」에는 사람은 5개의 눈이 있다면서 오안五眼이라고 했습니다. 보통 사람이 갖고 있는 눈을 육안肉眼이라하고, 육신이 없는 천인天人들은 낮과 밤을 가리지 않고 천리 밖의 것도 본다고 하여 천안天眼이라고 합니다. 그리고 혜안慧眼은 어떤 일의 원인과 결과를 볼 수 있는 눈이며, 법안法眼이라는 것은 보살 정도가 되어야 갖는 눈입니다. 그보다 더 지혜로운 눈을 불안佛眼, 부처의 눈이라고 합니다."

유심히 듣고 있던 별님은 말하였다.

"이렇게 분류를 했다는 것 자체가 놀라운 일이네요. 그렇다면 오달님이 말씀하신 CCTV는 다섯 개의 눈 중에서 어떤 눈에 속합니까?"

오달은 이렇게 설명하였다.

"CCTV를 어떻게 사용하느냐에 따라 다르게 볼 수 있을 것입니다. 단순한 관찰 목적이라면 육안을 대신하는 것이고 야간 불법 침입자를 감시하는 능력만 따지자면 천안급입니다. 먼 곳에서 캄캄한 밤에도 보니까요."

"그러면 혜안은 아니네요?" 별님이 말하자 오달님이 말하였다.

"거리마다 설치한 CCTV들을 서로 연계하여 교통정보를 수집하고 분석하여 실시간으로 교통사고 방지와 교통 흐름을 원활히 한다면 혜안이지요."

별님은 흥미로운지 오달님에게 계속 물었다.

"법안과 불안은 해당이 안 되나요?"

"법안을 일명 보살님의 눈이라고 합니다. 가령 생명이 위독한 환자를 앰뷸런스에 태우고 가면서 병원에 있는 의사와 원격진료를 하거나, 인공위성에 장착하여 가뭄과 홍수, 지진이나 산불예방, 인명 구조용으로 쓴다면 법안이지요. 그리고 위에서 말씀드린 모든 눈들을 갖춘 지혜의 눈이 '부처의 눈', 불안佛眼입니다. 「반야심경」에서 말하는 '반야바라밀다행'이 바로 본심에서 보는 눈, 불안입니다. 그래서 '관자재보살'은 '본심'의 대명사라고 볼 수 있습니다."

달님이 오달님에게 물었다.

"그렇다면 '본심'이란 말을 직접 쓰지 않고 왜 '관자재보살'이란 이름을 썼을까요?"

"그거야 사람 이름이 훨씬 기억하기 좋으니 그렇게 하는 것이지요. '멘델의 법칙'하면 '유전 법칙'이고 '옴의 법칙'하면 '전기의 법칙'으로 알지요. 그래서 '관자재보살'이 '본심'이고 '주어'인데 「반야심경」의 내용 중에는 여러 곳에서 생략되었다고 보는 것입니다."

그러자 달님이 물었다.

"주어가 빠졌다는 말은 처음 들어봅니다. 어떻게 해서 빠질 수가 있습니까?"

"그것은 듣는 사람이 누구냐에 따라 필요 없을 때가 있습니다. 대화 상대자가 지혜가 아주 높기로 유명한 제자 '사리자'이니 말을 안 해도 척척 알아듣겠지요. 마음이 통하는 부모 자식 간, 친구나 애인들끼리는 주어가 거추장스럽지요. 단어와 단어면 족하고도 남습니다. 그러나 그렇지 못한 일반사람들을 위해서는 좀 더 알아듣기 쉽게 하면 좋을 것입니다."

이때 별님이 "잠깐요"하면서 오달님에게 물었다.

"오달님, 앞에서는 「반야심경」의 주어가 '마음'이라고 하셨는데 이번에는 '본심'이라고 하셨습니다. '마음'과 '본심'이 같은 것입니까? 아니면 다른가요? 만일 다르다면 어떻게 다릅니까?"

그러자 햇님과 달님도 동조하였다.

"맞아 맞아, 저도 헷갈려서 물으려던 참이었습니다."

“그러면 우선 간략하게 말씀드리도록 하겠습니다.”

오달님이 말하였다.

“오달님, 말씀해 주시려면 확실히 말씀을 해주셔야지요! 왜 우선이라고 하시는 것입니까?”

햇님이 웃으면서 말하였다.

“우리가 「반야심경」을 살펴보는 것은 우리들의 ‘마음’이 ‘본심’으로 바뀌어가는 과정을 보고 있는 것이고 여러분이 ‘본심’을 체득하게 되면 그때가서야 확실히 말씀드릴 수 있다는 것입니다.”

햇님이 다시 한 번 더 물었다.

“바뀌어가는 과정이라면? 좀 더 쉬운 말로 해주실 수 있나요?”

이 물음에 오달님이 설명하였다.

“마음이라고 하는 것은 이런 마음, 저런 마음, 내 마음, 너의 마음, 사랑과 미움, 중생의 마음과 부처의 마음이 있고 그 상태도 감정과 기분에 따라 다릅니다. 이런 마음을 통틀어 모두 마음이라고 합니다. 그런데 이렇게 각각 다른 마음들이 과연 어디서

어떻게 생겨났는지 알아야 하지 않겠습니까? 우리들이 물건 하나를 살 때도 생산국과 재료를 따지는데 자신을 좌지우지하는 마음도 근본을 따져봐야지요. 이 근본 마음을 '본심'이라고 합니다. 흔히 우리들이 말하는 '중생의 마음'은 '반야바라밀다'를 행하기 전의 마음이고 '본심'은 '반야바라밀다'를 행하고 난 이후의 마음입니다. 다시 말해서 '반야바라밀다행'은 중생심을 본심으로 바꾸는 지혜입니다. 그리고 바뀌고 난 본심의 상태를 보니 텅 비어있어서 '텅 빈 마음'이라고 할 수 있습니다."

스트레스 날리기

"오달님은 「반야심경」이 스트레스 백신이라고 하셨는데 '텅 빈 마음'과 '스트레스'가 무슨 상관이 있다는 것입니까?"

별님이 의문을 제기하였고 오달님이 설명하였다.

"스트레스나 불안 공포라는 것은 무엇인가가 있어서 그것을 주고받는 데에서 생기는 것입니다. '힘이 센 것과 약한 것', '많이 줬는데 나는 적게 받았다'는 등이 스트레스를 만듭니다. 다시 말해서 주는 쪽과 받는 쪽, 그리고 주고받을 것, 이렇게 세 가지가 모두 있어야 합니다. 그런데 텅 비어 아무것도 없다면 이미 스트레스도 불안도 고통도 모두 사라진 것이지요."

"오달님, 마음이란 추상적인 것인데 좀 실제적인 예가 없을까요?" 별님은 의문이 아직 풀리지 않은 것 같았다.

"상품이 있는데 팔 사람도 살 사람도 없다면 상품으로서 가치가 사라진 것 아닙니까! 수학에서 곱셈이 있지요. 곱하고 곱하다가 마지막에 0을 한 번 곱하면 몽땅 0이 됩니다.

(100 × 10,000 × 20 × 500) × 0 = 0"

"오달님, 0이 된다는 것은 있는 것이 없어지는 것 아닙니까? 없는 것이 뭐 그렇게 중요한가요?"

별님이 계속 의문을 제기하였다.

오달님은 이 말에 무엇인가를 강조하는 자세로 말하였다.

"없는 데서 창조가 생기는 것입니다. 화가나 작가들의 작품은 빈 캔버스나 백지에서 출발합니다. 농민은 잡초를 싹 갈아엎고 나서 씨를 뿌립니다. 비워야 뭔가를 제대로 할 수 있습니다."

"오달님, 현대인들은 모두 스트레스와 불안으로 고통받고 있는데 여기서 말하는 것처럼 한방에 날려 보낼 수 있다면 치료약으로도 쓸 수 있겠네요?"

달님이 한마디 하였다.

"그렇습니다. '부처님'은 중생의 고통을 없애 주는 의사입니다. 의사 중의 으뜸가는 의사라고 해서 '의왕醫王'이라고도 부릅니다. 의술이 고도로 발달한 미국에서도 마음을 비워서 병을 치유하는 프로그램들이 많습니다. 도 닦는 사람들이 참선參禪 한다고 하지 않습니까! 텅 비우는 것이 참선의 기본입니다. 사람들이 몰라서 스트레스 푼다며 돈 쓰고 다니지만 「반야심경」의 한 구절로 단번에 날려 보낼 수가 있는 것입니다."

햇님은 '설마 그럴 수가 있을까?' 라는 표정을 지으면서 오달님을 쳐다보았다.

"정말 그럴 수가 있을까요? 오달님. 스트레스라는 말이 옛날엔 없었는데 그 말의 뜻이 정확히 무엇입니까?"

"우리는 고통을 짊어진다고 하고 머리에 이고 산다고도 하지요. 애들이 앉는 나무의자에 어른이 앉으면 겉으로는 멀쩡한 것 같지만 의자는 그 힘을 이겨 내려고 난리가 납니다. 이것을 스트레스stress, 응력, 외부의 힘을 받을 때 내부에 작용하는 힘라고 합니다. 응력을 못 이겨내면 의자는 부서집니다. 심적 고통을 스트레스라고 하는 것은 과학용어를 사용한 것입니다. 그런데 같은 정도의 스트레스인데도 어떤 사람은 끄떡없이 잘 견디는데 어떤 사람은 미칠 듯이 괴로워합니다. 그래서 스트레스는 받는 사람의 마음에 달려 있다는 것입니다. 마음의 문제는 마음으로 풀 수가 있습니다.

그래서 스트레스를 푸는 방법뿐 아니라 아예 받지 않는 비법이 「반야심경」 속에 들어 있습니다. 그래서 첫 문장 "관자재보살이 '반야바라밀다'를 행할 때는 우리들의 몸과 마음이 텅 빈 무아 속에 머물게 되어 온갖 고액에서 벗어날 수 있다."라고 한 것입니다.

비교의 원칙

없는 것과의 비교

“오달님, 스트레스를 날리는 방법이 바로 「반야심경」에 있다고 하셨는데 어떤 비법이 있다는 것입니까? 좀 구체적으로 말씀해 주세요.” 햇님이 오달님에게 물었다.

“스트레스는 주로 비교하는 데서 생깁니다. 그런데 비교라는 것이 무엇과 무엇을 비교하는 것인지 곰곰이 생각해보면 결론이 납니다. ‘있는 것과 없는 것’을 비교하는 것입니다. ‘깨끗함과 더러움’, ‘많은 것과 적은 것’, ‘잘 나고 못남’, ‘늙음과 젊음’, ‘삶과 죽음’, ‘보이는 것과 보이지 않는 것’, ‘꿈과 현실’을 비교하는 것입니다.

예를 들면 예쁜 딸을 낳기를 원했는데 눈도 그렇고 코가 납작하구나! 이 아이가 부잣집에 태어났으면 얼마나 좋았을까! 공부 잘하는 아이를 바랐는데 그렇지 못하구나! 왜 하필 이 못난 부모를 만났을까! 이런 생각들은 모두 남과의 비교에서 생기는 것이며 이것이 쌓이고 쌓이면 스트레스가 되고 더 심하면 고통이 됩니다. 「반야심경」은 굳이 비교를 하려면 '텅 빈 본심'에서 비교하라는 것입니다."

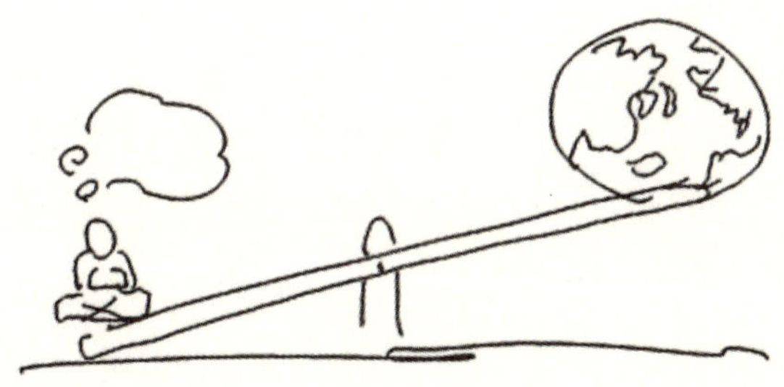

있는 것과 없는 것

스트레스 해법은 비교의 실상을 아는 데서부터 출발하는데 「반야심경」이 바로 비교의 법칙인 것이다. 오달님은 무엇과 무엇을 비교하는지를 살펴보자면서 「반야심경」의 두 번째 문장을 해설하기 시작하였다.

사리자여, 색이 공과 다르지 않고 공이 색과 다르지 않으며, 색이 곧 공이요 공이 곧 색이니, 수상행식도 그러하니라.

Shariputra, form does not differ from emptiness; emptiness does not differ from form. Form itself is emptiness; emptiness itself is form. So too are feeling, cognition, formation, and consciousness.

舍利子 色不異空 空不異色 色卽是空 空卽是色 受想行識 亦復如是

"지금 읽은 이 문장은 어떻게 하면 스트레스와 불안 공포를 날려 버릴 수 있는지를 자세히 보여주고 있습니다. 매 문구마다 주어인 '본심'이 계속 들어가면 더 잘 이해가 될 것입니다. 잘 보세요. 여기서부터는 마음 대신에 '본심'을 썼습니다. 예를 들자면 '본심으로 보면 색色은 공空과 다르지 않다本心色不異空, form is empty'라고 하면 잘 이해가 될 것입니다."

달님이 오달님에게 말했다.

"중생의 마음으로 보면 색色이 공空과 다르다는 말씀이기도 하겠네요."

"그렇습니다." 오달님이 대답하자 달님이 다시 물었다.

"그런데 오달님은 왜 경전에 손을 대시는 것입니까? 경전은 한 자라도 빼거나 더해서는 절대로 안 된다고 하던데요."라고 이의를 제기하였고 오달님은 그 이유를 설명하였다.

"내용이 뭔지도 모르고 그냥 읽기만 하는 것보다는 좀 쉽게 각색을 해서 참뜻을 마음속에 새기는 것이 훨씬 나을 것이라고 생각합니다. 사실 문헌을 조사해보면 현재의「반야심경」보다 긴 것이 많았습니다. 200행으로 된 것도 있고 심지어 100,000행으로 된 것도 있습니다. 마음을 기술한다는 것이 글자의 수로 정해지는 것은 아니지 않습니까! 중요한 것은 마음을 잘 알고 쓸 수 있도록 만드는 것이지요. 그래서 나는 새롭게 각색하면서 풀어보기로 한 것입니다."

"대화 형식으로 각색한「반야심경」이 있나요?"

별님이 물었고 오달님은 계속 설명하였다.

"잘은 모르지만 아마도 있을 것입니다.「로미오와 줄리엣」같은 작품을 보면 극작가마다 조금씩 다르게 각색하지 않습니까!"

"오달님, 그러면 내용도 바뀌나요?"

햇님이 물으니 오달님은 이렇게 말하였다.

"예를 들자면 TV 연속극 중에서 사극을 보세요.「연산군」,「세종대왕」,「장희빈」이라는 이름으로 여러 작가들이 각양각색으로 만들어냈습니다. 사실史實에 너무 치중하면 재미가 없고 재미에 치중하다보면 사실에서 멀어질 수가 있습니다. 그래서 이 점을 충분히 감안해야 할 것입니다."

색과 공

오달님은 다음 문단을 보면서 각색과 풀이를 계속하였다.

[사리자여, 본심으로 세상을 보면 색form이나 공empty이나 다르지 않고 같은 것이다. 본심자리에서는 '있는 것'이 곧 '없는 것'이다.]

오달님이 다시 풀이하였다.

"색은 '있는 것'을 공은 '없음'을 뜻하는데, 무릇 '있는 것'은 '없는 데'에서 나온 것 아닙니까! 근본이 같으면 같지요. 그러면 색불이공色不異空은 '색'은 '공'과 다르지 않다, Form ⇔ Empty가 되는 것입니다. 사람은 사람의 형상, 개는 개의 형상을 갖고 태어납니다. 이렇게 겉으로 드러나는 형체(생김새)를 중국에서는 색色, 몸이라고 번역하고 서양 사람들은 모양새가 이러이러하게 생겼다는 뜻으로 폼form, body이라고 합니다. 그런데 겉으로 드러난

형체, 폼보다 그 속에 들어있는 것이 더 중요한데 그 내용물이 뭐냐하면, 보고 듣고 냄새 맡고 맛을 보고 촉감을 느끼고 생각하는 것으로 이것들을 모두 합해서 오온五蘊, 다섯 덩어리, five aggregate이라고 한 것이지요."

별님이 머리를 갸우뚱하면서 묻는다.

"오달님, 어찌 없는 데서 물질이 생길 수 있습니까? 과학적으로 말이 안 되는 것 아닙니까?"

"그렇습니다. 물질적 관점에서 보면 그렇습니다. 소위 객관성이 없다고 할 수 있지요. 색과 공을 어떻게 보느냐?의 문제입니다. 과학자들은 관찰이 거의 불가능한 극미세입자로 물질이 구성되어 있기 때문에 비어 있는 것과 같아서 '색이 곧 공이다'라고 주장할 수 있을 것입니다.

그러나 부처님은 물질뿐 아니라 마음을 함께 다루기 때문에 '마음과 몸이 곧 공이다'라는 것입니다. 그리고 '본심'이란 것은

육신과는 달라서 형체가 없기 때문에 죽어도 사라지는 것이 아닙니다. 따라서 '색과 공'을 함께 다루어야 하며 '공'을 '본심의 대명사'로 사용한 것입니다. '색이 공이다'라고 한 것은 '마음(본심)에서 색이 생겼다'는 말이기도 합니다.

뭔가를 볼 때 '보는 놈'이 누구냐 하면 사람의 마음(본심)입니다. '본심'이 보기에는 '있는 것色, form'을 '보는 놈'이나 '없는 것空, empty'을 '보는 놈'이나 '보는 놈(본심)'은 같다는 것입니다.

도를 닦는 선가禪家 에서 많이 쓰는 '만법귀일萬法歸一'은 만사의 근본은 '하나'인데 그 하나는 '없는 것'이라는 말입니다. 그리고 그 하나에서 만물이 생긴다는 뜻을 갖고 있습니다. 여기서 하나는 곧 본심입니다."

잘나고 못난 것

오달님은 계속 설명하였다.

"아인슈타인의 '상대성 이론'이라는 것이 있습니다. 그중에 '질량 에너지 동등성 원리'라는 것이 있는데, $E = MC^2$으로 아주 유명합니다.

E는 에너지energy를 말하는데 눈에 안 보입니다, 눈에는 안 보이나 느낄 수 있는 온기나 냉기 같은 것을 말합니다. M은 물질mass을 말하는데 눈에 보입니다, 숯이나 얼음 같은 것입니다. 보이는 것 M과 안 보이는 것인 E가 같다는 말이니 이것도 색즉시

공과 같습니다. 그러나 물질이 광속도 C로 움직일 때라는 조건이 붙는데 이는 우주에서 물질이 출현할 당시를 뜻한다고 보면 될 것 같습니다. 물질의 형성이 '본심'에서 나온 것이라는 또 다른 방식의 표현이라고 볼 수 있습니다."

이번에는 달님이 물었다.

"오달님, 그러면 '색즉시공色卽是空' 다음 문구인 '공즉시색空不異色'은 앞의 것과 글자의 순서만 뒤바뀐 것인데 같은 뜻인가요?" 이 물음에 오달님이 말하였다.

"크게 보면 같으나 자세히 살펴보면 차이가 있습니다. '색과 공'의 평등성을 강조하기 위해서 그렇게 말씀하셨다고 봅니다."

"평등성이 무엇을 뜻하는지요?" 달님이 계속 물었다.

"몸이 더 중요하냐? 마음이 더 중요하냐? 라고 따질 수 없다는 것입니다. 한쪽으로 치우치지 말라는 것이겠지요. 아예 비교를 하지 말라는 것입니다."

"오달님, 「반야심경」은 마음을 중시하는 심경心經이라고 하지 않았습니까!" 햇님이 좀 이해가 안 된다는 표정이었다. 그러자 오달님은 계속하였다.

"드러난 마음인 중생심으로 보면 차별이 있지만 '본심'에서 보면 평등하다는 것이지요. 좀 진솔하게 말할 때 '계급장 떼고 이야기하자'라고 하지 않습니까? '본심'으로 돌아가서 이야기하자는 것입니다."

오달님은 계속해서 풀이하였다.

"'색즉시공 공즉시색'은 본심의 대표성을 이르는 말입니다. 우리는 몸과 마음으로 되어 있는데 그 대표자가 누구냐고 물었을 때 '몸이 나요', '마음이 나요'라고 해도 마찬가지란 말입니다. 본심이 보기에는 같으니까요."

인식과정의 실상

[부처님, 제 눈으로 본 것을 어찌 없다고 할 수 있습니까?]

[사리자여, 보았다는 것은 보고 느끼는 것이 있어야 하는데 본심에는 아무것도 없으니 느낌과 인식도 없고 행동으로 옮기고 알음알이를 갖는 것도 역시 없는 것이다.]

햇님이 오달님에게 말하였다.

"'수상행식受想行識이 무슨 뜻인지 예를 들어 설명해 주세요."

그러자 오달님은 종이에 그림을 그리면서 설명하였다.

"수상행식feeling,受/cognition,想/formation,行/consciousness,識은 아주 흥미를 끄는 연구주제로 신경생리학이나 뇌과학, 인지과학 등에서 많이 다루고 있습니다.

대부분의 생물들은 외부자극을 감지하는 감각기관sensory organ을 갖고 있습니다. 이 감각기관은 수많은 신경세포로 만들어졌는데 요즈음 센서sensor라고 하는 장치를 생각하면 됩니다. 온도계는 차고 뜨거운 것에 반응하는 장치로 이것을 '온도-센서'라고 합니다. 가로등이 자동으로 어두워지면 켜지고 밝으면 꺼지는 것은 빛 감지용 '빛-센서'를 쓰기 때문입니다. 아파트의 층간 소음을 재는 기계도 음향-센서를 쓰는 것인데 이것은 외부자극을 받아들인다고 해서 수feeling,受입니다. 측정한다는 뜻입니다."

달님이 계속 물었다.

"상 · 행 · 식의 예는 어떤 것이 있나요?"

"실내 온도가 40도가 되면 어떻게 느껴질까요feeling?" 오달님은 달님에게 되물었다.

"그거야 더워서 못 견디지요, 30도만 넘어도 더운데 밖으로 나가거나 에어컨을 켜야지요."

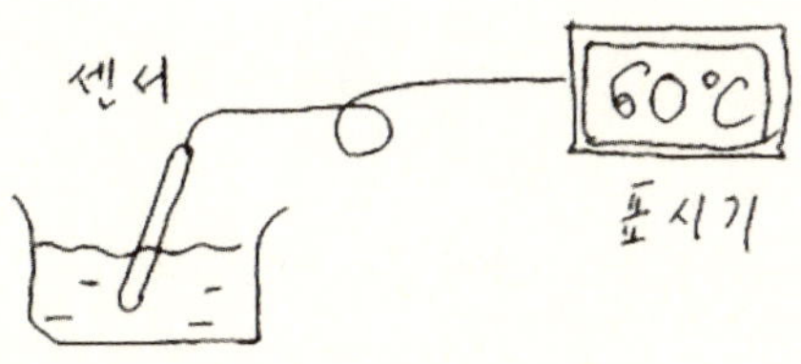

'아이고 덥구나!'라고 생각하는 것이 상cognition, 想이고 밖으로 나가거나 에어컨을 켜는 것이 행formation, 行입니다."

"오달님, 그러면 식識은 또 무엇입니까?" 달님이 물었다.

"더위를 경험하다 보면 밖으로 뛰쳐나가는 것이 좋은지, 여름이 오기 전에 그것도 세일할 때 에어컨을 사는 것이 좋은지 판단을 하게 되겠지요. 이것이 식consciousness,識입니다. 알음알이나 지식, 경험을 바탕으로 판단하는 것이 식입니다."

[사리자여, 감각기관을 갖고 벌어지는 육체적 정신적 행동의 근본은 한결같이 본심에서 출발한 것이니 역시 없는 것이다.]

오달님은 이렇게 말하였다.

"비좁은 전철에서 누가 내 발을 밟는다면 우선 아프고 이어서 기분 나쁘다고 생각하면서cognition,想 인상을 쓰겠지요formation, 行.

밟은 사람이나 밟힌 사람이나 본래는 그럴 마음consciousness이 없었지요無, 空. 넓게 포용하는 마음으로 살라는 것입니다. 그런 걸 갖고 하루 종일 '재수 없다stress'고 씹어봐야 뭐합니까!"

절대비교의 원칙

삶과 죽음

오달님은 계속 문장을 각색하면서 풀이하였다.

"세 번째 문장에서도 '사리자'가 '부처님'에게 이렇게 여쭈었을 것입니다."

[부처님, 사람은 태어나면 늙고 병들고 죽는데 그것은 왜 그렇습니까?]

이 물음에 부처님이 말씀하셨습니다.

> 사리자여! 모든 법은 공하여 나지도 멸하지도 않으며, 더럽지도 깨끗하지도 않으며, 늘지도 줄지도 않느니라.

Shariputra, all Dharmas are empty of characteristics. They are not produced, not destroyed, not defiled, not pure; and they neither increase nor diminish.

舍利子 是諸法空相 不生不滅 不垢不淨 不增不減

오달님이 각색하면서 설명하였다.

[사리자여, 세상의 모든 것은 본래 아무것도 없는 본심에서 생겨난 것이라 하지 않았느냐! 이 본심자리는 태어나거나 없어지는 그런 자리가 아니니라.]

[부처님, 왜 그렇습니까?]

[사리자여, 본심자리에는 본래 아무것도 없기 때문이다. 그러므로 늘거나 줄거나 더럽거나 깨끗한 것이 없느니라.]

오달님이 계속 설명하였다.

"마음의 세계를 의식계consciousness system라고도 합니다."

그러자 햇님이 말하였다.

"네, 오달님께서 의식이 뭉쳐서 물질이 생기고 생명체가 생겼다고 하신 적이 있습니다."

전에 「능엄경」 대담을 할 때 말한 적이 있었다.

오달님은 계속하였다.

"그렇습니다. '일체유심조一切唯心造' 란 부처님의 유명한 말이 있지요. 세상 모든 것은 다 마음이 만든 것이란 말입니다. 시제

법공상all Dharma, 是諸法空相은 '세상만사가 본래는 텅 비어있다'는 이치를 말합니다."

"왜 이때는 '본심'이라고 하지 않고 '본심자리'라고 하십니까?"

햇님이 다시 물었다.

"이 말은 본심이 활동하는 세계가 그러하다는 말입니다."

더럽고 깨끗함

오달님이 계속 각색하였다.

[부처님, 세상에는 많고 적음, 깨끗함과 더러움이 있어 누구나 많은 것과 깨끗한 것을 좋아하고 가난과 더러움을 싫어하지 않습니까?]

"'사리자'의 물음에 부처님은 다음과 같이 말씀하셨을 것입니다."

[사리자여, 잘 들어 보아라. 세상만사는 무엇이 만든 것이라고 했더냐?]

[네, 부처님. 마음이 만들었습니다.]

[사리자여, 마음에는 이런 마음 저런 마음이 있는데 네가 지금 말하는 마음은 어떤 마음을 말하는 것이냐?]

[부처님, 본심을 말씀드리고 있습니다.]

[그렇다면 본심에는 무엇이 있다는 것이냐?]

[부처님, 아무것도 없습니다.]

[사리자여, 아무것도 없는데, 너는 무엇이 무엇을 가지며 무엇이 무엇을 더럽힐 수 있다는 것이냐?]

[부처님, 이제야 알겠습니다. 본심에는 더럽힐 것도 더럽혀질 것도, 늘거나 줄 것도 없습니다. 왜 불구부정不垢不淨 부증불감不增不滅이라 하시는지 분명히 알겠습니다.]

"오달님, 저의 집안에는 특수학교에 다니는 지진아가 있는데 아이가 받는 고통도 고통이지만 부모도 늘 불안 속에 살고 있습니다. 이를 어떻게 받아들이고 살아가야 합니까?"

별님이 묻고 오달님은 이렇게 말하였다.

"적지 않은 가정이 비슷한 문제를 갖고 있습니다. 부처님이 불구부정不垢不淨을 말씀하신 것에는 완전과 불완전을 포함하고 있다고 봅니다. 바로 이런 문제를 해결하기 위한 것일 것입니다. 저능이란 말은 인식이나 기억력과 같은 인지과정의 처리능력의 차이에서 오는 것인데 본심에서 보면 조금도 불완전한 것이 없습니다. 겉으로 드러난 불구며 지능을 따지기 전에 본심으로 세상을 어떻게 보느냐가 중요합니다. 건강한 사람보다 더 순수한 마음, 본심을 갖고 세상을 대하고 사는 면이 있습니다."

"예를 들면 어떤 것인가요?" 달님이 물었다.

"세상살이를 보면 돈, 명예, 사상, 종교, 정치 같은 것을 갖고 얼마나 싸움들을 합니까? 학력이 높고 수행을 많이 했다는 지도층 인사나 종교 지도자들도 욕심 부리는 것 많이 보지 않습니까! 그런데 지진아들은 이런 데 관심이 없습니다. 오염되지 않은 본심을 갖고 있다는 증거입니다. 그야말로 인격적으로 보자면 이들이 훨씬 높다고 할 수 있습니다."

부유함과 가난

오달님은 계속하였다.

"가진 자와 못 가진 자의 문제는 인간사회뿐 아니라 모든 생물계의 문제이기도 합니다. 왜냐하면 생물들은 뭔가를 먹어야 살 수 있기 때문입니다. 힘센 놈이 약한 놈을 잡아먹는 먹이사슬이라는 것이 생물계의 기본입니다. 사람은 모두 평등하다고 하지만 육체적, 지능적 차이는 어쩔 수가 없는 것입니다. 부처님은 이 문제를 어떻게 다루고 있는지를 보여주고 있습니다.

사람마다 겉은 다르지만, 안은 똑같으면서도 아주 중요한 것이 하나 있습니다. 그것이 바로 '본심'입니다. 이 본심은 모든 마음의 최정상에 있으면서 나와 너를 차별하는 마음, 즐겁고 슬픈

마음을 다스립니다. 다스린다는 말은 만들기도 하고 없애기도 한다는 것입니다.

이런 본심을 돈으로 따진다면 값을 얼마 매기겠습니까? 본심은 인간의 의식계를 총괄하며 심장과 뇌를 비롯하여 모든 감각기관과 행동을 관리하고 있습니다. 그 결과 우리들이 하루하루를 살고 있는 것입니다. 손상된 장기 하나를 이식하는 데도 엄청난 돈이 드는데 모든 장기를 총괄하는 본심의 가치를 어떻게 돈으로 따질 수 있겠습니까?"

오달님의 물음에 모두 공감하였다.

"이미 모든 것을 가진 우리들인데 무엇을 더 갖기 바라느냐? 라는 것이지요. 돈이 많다거나 적다거나 더럽다거나 깨끗하다는 것은 자신이 갖고 있는 보배의 가치를 잘 몰라서 그러는 것입니다."

늘고 줆

'사리자'가 부처님께 다음과 같이 여쭈었을 것이라고 하면서 오달님은 이렇게 각색하였다.

[부처님, 뭇 생명들은 부지런히 먹이를 구하여 먹고 살을 찌우거나 재물을 저축하며 삽니다. 열심히 공부하여 지식을 쌓아 자랑하기도 합니다. 부모들은 자식들에게 늘 '아는 것이 힘이다'라고 말합니다, 늘지도 줄지도 않는다면 열심히 일하고 배워서 뭐

합니까?]

[사리자여, 그대는 조그마한 물잔에 담긴 물을 바라보며 살고 싶은가? 아니면 저 넓고 넓은 바다를 바라보면서 살고 싶은가?]

[부처님이시여, 저는 부처님처럼 광활한 우주를 마음에 품고 사는 것을 늘 염원했습니다. 어찌 한잔의 물에 만족할 수 있겠습니까? 바닷물이 더 좋습니다.]

[사리자여, 여기 물이 가득한 물잔에 한잔의 물을 부으면 어찌 되겠느냐?]

[넘쳐흐를 것이니 더 담을 수가 없겠습니다.]

[그러면 한잔의 물을 저 바다에 부으면 바닷물이 넘쳐흐르겠느냐? 줄어들겠느냐?]

[부처님, 늘지도 않고 줄지도 않습니다. 오! 부처님, 저는 드디어 '늘지도 줄지도 않는다'는 말이 무슨 뜻인지 알겠습니다.]

[사리자여, 그 뜻을 말해보아라.]

[부처님, 세상에 큰 것이 많다고 하나 본심보다 큰 것이 없으

니 세상살이 비좁다 궁색하다 하지 말고 온 세상을 감쌀 수 있는 본심으로 살아야 한다는 것을 알게 되었습니다.]

오달님은 계속해서 말하였다.

"이 대화는 본심의 상태를 뜻하는 말입니다. 부모들은 자식들에게 많은 재산을 물려주려고 합니다. 그러나 재물이란 끝이 없습니다. 만족할 줄 모르면 가난한 것과 같습니다. 차라리 지금 가진 것으로 만족할 수 있는 자식이 되는 것이 낫다는 것입니다. 본심이란 곳이 아무것도 없이 텅 빈 광활한 곳이며 모든 것을 다 갖춘 곳이라는 것을 깨닫게 하는 것이야말로 더 값진 일입니다."

스트레스 받는다는 생각

스트레스와 불안은 주로 비교하는 데서 온다고 여러 번 강조하였다. 그런데 그 비교라는 것은 내 것을 남의 것과 견주어 보는 식의 상대적인 비교이다. 그렇다면 비교하는 과정을 따져볼 필요가 있다는 것이다. 부처님은 비교를 하되 절대적인 것과 비교해야 한다고 다음과 같이 말씀하셨다.

> 그러므로 공 가운데는 색이 없고 수 · 상 · 행 · 식도 없다.
>
> Therefore, in emptiness there is no form, feeling, cognition, formation, or consciousness.
>
> 是故 空中無色 無受想行識

오달님은 이 부분을 다음과 같이 각색하였다.

[사리자여, 그런고로 늘 본심으로 돌아가 살라고 하는 것이다. 왜냐하면 세상에 존재하는 모든 것은 너의 감각기관이 보고 듣고 느끼고 비교 판단하는 과정에서 좋고 나쁨이 생기기 때문이다. 이런 인식과정에서 일어나는 현상에 매달리지 말고 이 모든 것을 총괄하는 본심에서 보아야 세상을 바로 보는 것이다.]

[부처님, 그렇게 살려고 노력을 해도 늘 생각대로 안 되는 것은 왜 그렇습니까?]

[사리자여, 그럴 때면 잠시 생각해보라. 그런 생각을 하는 것이 무엇인지 말이다.]

[부처님, 그것은 제가 하는 것입니다.]

[사리자여, 그러면 무엇을 '너'라고 하느냐?]

[부처님, 본심이 저입니다.]

[사리자여, 틀렸느니라. 너라 나라 하면 벌써 본심이 아니기 때문이다.]

[부처님, 그래도 지금 부처님이 하시는 말씀이 이렇게 또렷이 들리는 것은 부처님과 제가 마주 앉아 있기 때문이 아닙니까?]

[사리자여, 나도 있고 너도 있다면 어떻게 네가 내 말을 듣게 되는지 말해볼 수 있겠느냐?]

[부처님의 입에서 나온 목소리가 제 귀에 닿아서 듣게 되는 것입니다.]

[사리자여, 그렇다면 소리와 귀만 있으면 들린다는 말이냐?]

[부처님, 듣고자 하는 저의 마음이 있기 때문에 듣습니다.]

[사리자여, 그러면 너의 마음이 없으면 소리가 없다는 것이냐?]

[네, 그렇습니다.]

[사리자여, 그러면 그 생각은 어디서 나온다는 것이냐?]

[부처님, 제 본심에서 생겼습니다. 아! 저는 드디어 알겠습니다. 소리를 듣고 생각하고 알음알이를 만드는 데 있지 않습니다空中無色. 그래서 부처님께서 '감정도 생각도 알음알이도 없다no feeling, no cognition, no formation, no consciousness, 無受想行識'라고 하신 것을 드디어 알겠습니다.]

사건의 인식

"오달님, 꽃을 보면 기분이 좋고 험담을 들으면 감정이 상하는 것은 너무도 자연스러운 것 아닙니까? 무조건 모든 것을 '없다', '아니다', '공이다'라고만 하면 세상은 참으로 무미건조해지는 것이 아닌가요?" 별님이 말하였다.

"그렇지요. 봄날의 따뜻한 햇살을 누가 피하고 강가에서 불어오는 산들바람을 누가 마다하겠습니까? 그러나 사막의 햇살이나 휘몰아치는 폭풍이라면 방법을 강구해야 하는 것입니다. 우리가 이야기하는 것이 스트레스인데 약간의 자극은 삶의 활력소가 될 수 있으나 스트레스라는 말이 생긴 것은 그 도가 지나치다고 느끼는 것이지요. 그래서 부처님도 여기에 대응하는 방법을 말씀하시는 것입니다."

오달님은 계속해서 말을 이어갔다.

"여기서 잠시 사람이 사물을 인식하고 판단하는 과정을 이야기해보겠습니다. 이 인지과정은 신경망과 신경망 밖의 통신을 통해서 이루어집니다. 지금 사과와 종을 보고 듣는 경우를 보기로 합시다.

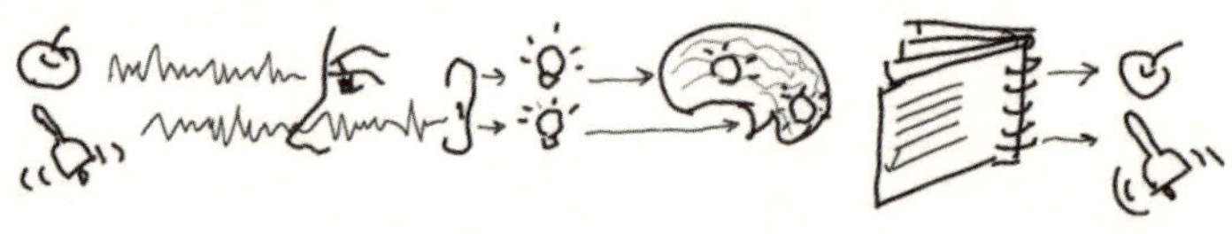

첫째로 눈이나 귀와 같은 감각기관을 통해서 들어오는 붉고 둥근 모양새와 '땡땡'하는 종소리가 외부자극이 됩니다. 이 외부자극들이 눈과 귀를 거치면서 전기신호로 바뀝니다. 그리고는 이 신호들은 신경망을 통해서 뇌에 도착해서는 색과 소리를 담당하는 뇌의 특정부위로 보내집니다. 둘째로 이 자료가 무엇인지를 판단합니다. 이때 판단기준이 필요한데 그 기준자료는 자기가 과거에 경험한 것입니다. 그 경험들과 비교해서 보다 높으면 '좋다', 낮으면 '나쁘다'라고 판정하는 것입니다. 셋째로 판정결과는 운동신경으로 보내서 근육을 움직여 행동을 합니다."

"오달님, 비교는 꼭 자기의 경험만을 참조하는 것은 아니지 않습니까?" 별님이 계속 물었다.

"별님께서 참으로 중요한 말씀을 하셨습니다. 관자재보살이나 부처님의 경험을 비교자료로 쓰자는 것입니다. 예를 들면 뜨거운 사막의 햇살은 상승기류를 만들어 지구를 감싸고 있는 대류의 흐름을 원활히 합니다. 엄청난 강풍이 휘몰아치는 태풍은 많은 것을 파괴하지만 바다에서 엄청난 양의 물을 실어 날라 메마른 땅을 적셔주기도 합니다. 벼락은 모든 것을 태워버릴 것 같이 무섭지만 엄청난 양의 질소비료를 합성해서 농사를 도와줍니다. 세상일은 부분적으로 볼 것이 아니라 총체적으로 봐야 한다는 것입니다." 열심히 듣고 있던 달님이 물었다.

"그런데 바로 전에 말씀하신 신경망 밖의 통신은 또 무슨 말씀이신지요?"

오달님은 설명하였다. "신경망은 내 몸 속에만 있지 나와 남 사이의 공간에는 없습니다. 우리는 상대방이 알아듣는 언어를 써서 이 공간을 소리(음파)로 이어줍니다. 요즘은 통신기술이 발달하여 이해하기가 아주 쉬워졌습니다. 여러분이 인터넷과 스마트폰을 갖고 있다고 합시다."

오달님은 펜으로 그림을 그리며 설명하였다.

"컴퓨터는 유선으로 인터넷에 연결이 됩니다. 그런데 스마트폰으로 인터넷을 하려면 wifi와 같은 무선망을 써서 인터넷에 연결을 해야 합니다. 이때 wifi가 바로 통신망 밖의 통신이지요.

다음은 통신 내용을 보도록 합시다.

통신은 각자의 의사를 주고받는 것인데 내용을 보면 코드화되

어 있습니다. '000110010100101'과 같이 말입니다. 그런데 여기서 아주 중요한 것이 있습니다. 인간들이 사전에 코드에 대한 약속이 반드시 있어야 합니다. 만일 없으면 이 코드들은 아무 쓸모가 없는 것입니다. 논쟁이나 언어폭력은 인위적인 의미 부여에서 온 코드와 코드끼리의 충돌이지 본래는 없었던 것입니다."

판단하는 주인

"우리들의 일거수일투족을 살펴보면 어느 하나 판단 없이 이루어지는 것은 없습니다. 무심코 한다고 하지만 이는 의식을 하느냐 못하느냐의 문제이지 무의식중에 판단이 이루어지고 있는 것입니다. 숨을 쉬는 것도 심장이 뛰는 것도 모두 무의식적 판단으로 일어나는 것입니다."

달님이 물었다.

"음식을 먹을 때는 생각을 안 해도 되던데요. 이럴 때도 그런가요?" 그러자 오달님이 말하였다.

"음식을 먹을 때도 마찬가지입니다. 음식이 입으로 들어가면 어떤 일이 벌어지는지 아십니까?" 오달님은 달님에게 되물었다.

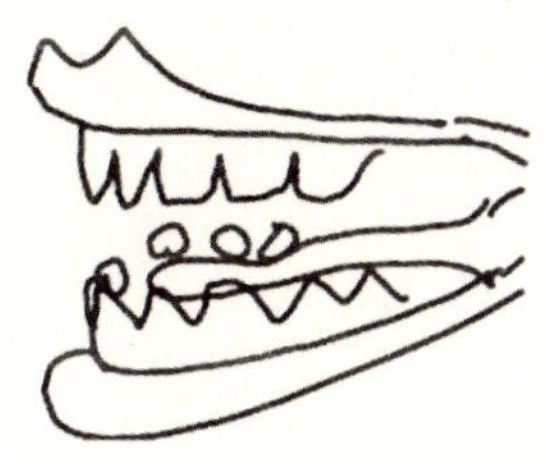

"이로 씹지요."

그러자 오달님은 말하였다.

"씹을 때 이빨로 음식 대신에 혀를 씹으면 큰일 나지 않습니까? 음식물을 이빨 위에 올려놓고는 날쌔게 피해야 합니다. 그러면서도 짠지 싱거운지 단지 신지도 맛을 봐야 합니다."

모두들 정말 그렇구나 하는 표정을 지으면서 자신들의 입을 움직여보고 있었다. 실제로 그렇게 되는지를 실험해 보는 것 같았다.

오달님은 달님에게 물었다.

"음식이 맛이 없으면 어떻게 합니까?"

"안 먹지요." 달님이 답하였고 오달님은 계속하였다.

"음식을 먹을 때 '맛이 있다 없다'를 어떻게 판단하는지 보기로 합시다. 판단에는 반드시 비교할 잣대가 필요합니다. 그 잣대란 자신의 경험입니다. 혀에서 짠맛이 느껴지면 과거에 먹었던 음식 맛과 비교하여 '짜다' 또는 '싱겁다'고 판단을 합니다. 그 다음에 먹어도 되는지를 판단하고 음식을 받아들입니다accept, 受容. 판단하는 과정을 그림으로 표시하면 아래와 같습니다."

오달님은 그림 하나를 꺼내 보여주면서 설명을 하였다.

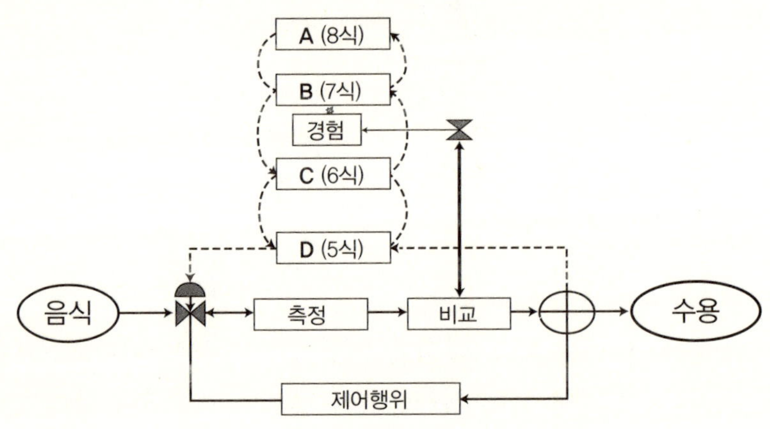

"이것은 불교의 유식론唯識論에서 말하는 의식작용의 계통도입니다. 의식에는 8식(A), 7식(B), 6식(C), 5식(D)으로 된 4개의 등급이 있습니다. '나'라고 주장하는 의식이 바로 7식(B)인데 판단의 주역입니다. 그리고 6식(C)과 7식(B) 사이에 경험이라고 표시된 부분은 마음속에 지니고 있는 자신의 음식경험 정보입니다. 이 정보와 비교해서 먹어도 되는지 여부를 판정합니다. 그래서 음식을 먹는 행동은 이러한 4단계를 거쳐서 이루어지는 행동인 것입니다."

"참으로 놀랍고 복잡한데요." 모두들 신기하다는 표정을 지어 보였다.

오달님은 물었다.

"여기서 제일 중요한 것은 무엇이라고 생각합니까?"

"먹는 것에는 음식의 맛이지요."

"아니지요, 먹는 사람이지요."

오달님은 이러한 대답에 계속하여 설명하였다.

"맛도 사람도 다 중요합니다. 그런데 맛이란 것은 사람마다 다를 뿐 아니라 같은 사람이라 해도 때에 따라 달라집니다. 시장이 반찬이라고 하지 않습니까! 허기지면 맛이 바뀐다는 것 아닙니까! 유식론에서 보면 판단은 7식이 한다고 하는데 7식은 8식의 관할하에 있으니 진짜로 중요한 것은 8식입니다.

「반야심경」에서 말하고자 하는 본심이 8식에 해당된다고 보는 것입니다. 8식이 보기에는 음식도 중요하고 감각세포, 신경망, 정보를 처리하는 의식층 등 판단을 직접 지휘하는 7식도 모두 중요합니다. 이 모든 것이 8식에서 나온 것이니 말입니다. 부모 입장에서는 어느 한 자식만 예뻐하겠습니까? 다 내 자식들인데."

"그러면 모든 색色을 인정해야지 공空이라고 하면 안 되는 것 아닙니까? 정보 처리과정인 수 · 상 · 행 · 식을 부정하는 것은 말이 안 된다는 말입니다." 별님이 동의할 수 없다는 표정이다.

그러자 오달님은 다른 비유를 들어 설명하였다.

"컴퓨터는 현대과학의 스타입니다. 컴퓨터는 모든 산업에서 위력을 발휘하고 있습니다. 판단 속도가 엄청 빠릅니다. 요즘은 어디에서 쌀을 사든 돌이 없습니다. 그 쌀을 찧는 정미소마다 돌과 이물질을 골라내는 장치가 있어서 출고되는 제품에는 돌 같은 것이 없습니다. 그런데 이 장치가 도저히 인식할 수 없는 이물질이 있다고 합시다. 이럴 경우 '없는 것'으로 판단합니다. 색色즉시공空으로 말입니다."

"그렇게 되면 소비자는 돌을 씹게 되는 것 아닙니까?" 라고 별님이 말하였다.

"그렇지요. 이렇게 잘못 판단하는 경우를 대비해서 이물질을 인식하는 센서를 바꾸거나 프로그램을 보완합니다. 지금까지 말씀드린 사물을 인식하고 판정하는 어느 하나에도 의식과 무의식계가 긴밀하게 정보를 처리하는 시스템을 통해야 한다는 것입니다." 오달님이 설명하였다.

과학적이 아니라던 별님도 이해가 되는지 고개를 끄덕였다.

앎과 모름

"「반야심경」 속에 등장하는 공空을 바로 알기가 쉽지 않습니다. 특히 정신세계에서 말입니다."라고 햇님이 말하였다.

이에 오달님은 이렇게 설명하였다.

"공空은 사심 없는 빈 마음이라고 보시면 됩니다. 때 묻지 않은 순수한 마음입니다. 음식을 먹을 때는 주면 주는 대로 먹을 것이지受 이것은 피부에 좋다 정력에 좋다想라고 하며 까다롭게 굴지 말고 먹는行 마음識을 갖고 살라는 것입니다. 결코 부정하는 쪽으로 생각하면 안 됩니다." 그래도 햇님은 계속해서 말하였다.

"오달님은 식품학자이신데 몸에 좋고 나쁜 것을 잘 아시면서도 이것저것 막 먹으라고 하시면 되겠습니까?"

그러자 오달님은 이렇게 말하였다.

"식품학자라고 해서 다 아는 것은 아닙니다. 아는 것보다 모르는 것이 더 많습니다. 안다는 것은 고작해야 음식이 무엇으로 되어있고 먹을 만한 것인지 그리고 입속으로 들어가서 어떤 일이 일어나면서 창자 속으로 이동해 가는지 정도입니다.

마치 우체국에서 소포를 부쳐 제대로 배달되고 있는지를 아는 정도에 불과합니다. 발송인이 왜 보냈는지 수신자가 받아보면 어떤 일이 벌어질지는 모르는 것과 같습니다. 제 말씀은 사람들이 음식을 먹을 때 진짜로 따져야 할 것은 음식을 먹을 수 있도록 노력하신 분들과 자신의 생명을 지켜주는 음식에 감사하는 것입니다. 그런데 따지지 않아도 될 것을 저울질하면서 좋다 나쁘다 스스로 스트레스를 받는다는 것입니다."

생각하기 전으로

"사람들은 겉으로 드러난 물질에만 관심을 갖고 좋은 것을 보면 더 좋은 것을 가지려고 남의 것을 탐하고 귀에 거슬리는 말에는 화를 내고 향기롭고 부드러운 감촉만 좋아합니다."라고 오달님은 말을 계속하였다.

"오감에 좋은 것만 좋아하다 보면 탐욕이 생기고 그 탐심을 못 채우면 화가 나고 화를 못 참아 강도 살인까지 저지르게 되는 것입니다. '사리자'는 이런 감성, 인식, 행동상의 문제를 생각하면서 질문을 했을 것입니다."

[부처님, 사람은 눈 · 귀 · 코 · 혀 · 피부가 있어 세상을 보고 듣고 냄새도 맛도 느끼고 피부로는 촉감을 느끼면서 좋다 나쁘다고 생각할 줄 알기 때문에 이것저것 가리면서 살고 있는데 어찌하여 문제를 삼으십니까?]

"이 질문은 세상만사를 인식한다는 것이 과연 무엇이냐? 따져보자는 것입니다. 이런 질문에 부처님은 이렇게 말하였다고 봅니다."

안 · 이 · 비 · 설 · 신 · 의도 없고, 색 · 성 · 향 · 미 · 촉 · 법도 없다.

There is no eyes, ears, nose, tongue, body, or mind; no sights, sounds, smells, tastes, objects of touch, or Dharmas.

無眼耳鼻舌身意 無色聲香味觸法

오달님은 계속 각색하면서 설명하였다

[사리자여, 우리는 5개의 감각기관을 갖고 세상을 보고 듣고 생각하니 복을 타고난 것이 틀림없다. 이 귀한 복을 잘 쓰면서 살면 누가 뭐라 하겠느냐? 쓸데없이 겉모양만 보고 공연한 탐심만 내고 있으니 하는 말이다.]

[부처님이시여, 어떻게 하면 이런 탐심을 없애버릴 수 있습니까?]

[사리자여, 네가 한번 말해 보아라.]

[부처님, 제 생각으로는 탐심이 생기는 대로 사정없이 잘라 버려야 하겠습니다.]

[사리자여, 너는 생각을 자를 수 있다고 보느냐? 그리고 생각을 하는데 시간이 얼마나 걸린다고 생각하느냐?]

[부처님이시여, 눈 깜짝할 사이에도 수없이 많은 생각이 떠오릅니다.]

[사리자여, 그렇다면 너는 탐심을 잘라버리는 일만 해도 한순

간도 쉴 새가 없겠구나! 그것은 현명한 방법이 아니니라. 마치 농부가 김을 맬 때 뿌리는 그냥 놔두고 잎만 뜯는 격이니라.]

[부처님, 이제야 알겠습니다. 중요한 것은 본심이지 곁가지인 눈 · 코 · 귀 · 혀 · 피부가 아니라고 하신 깊은 뜻을 잘 알겠나이다.]

오달님은 계속해서 말하였다.

"부처님께서 말씀하신 이 부분도 앞에서 설명한 내용과 같습니다. 생각이 일어난 후에 없애려하지 말고 생각을 일으키기 전으로 되돌아가면 된다는 것입니다一念不起處.

계율을 범한 한 스님을 겸우 선사께서 꾸짖는 광경을 목격한 적이 있습니다. 선사는 '너는 어찌하여 그런 생각을 내느냐!'라는 말씀을 하셨습니다. 이 말씀은 그런 생각을 일으키기 전의 본심에서 살아야 한다는 의미심장한 가르침입니다."

겸우 선사는 오달님에게 가르침을 주신 선승이시다. 별님이 오달님에게 물었다.

"「반야심경」에는 반복해서 말씀하시는 부분이 꽤 있는 것 같습니다."라고 다시 묻자 오달님은 말하였다.

"네, 그렇습니다. '사리자'와 같은 똑똑한 제자가 못 알아들어서 다시 말하였겠습니까! '부처님'과 '사리자'가 중생들이 잘 알아듣게 하려고 이렇게 저렇게 거듭해서 말하는 것입니다. 「반야심경」의 첫 문장에서 이미 요점을 다 말했다고 하지 않았습니까!"

세계와 영역

세계의 실상

"스트레스, 불안, 고통이 모두 내 탓이 아니고 그 원인이 밖으로부터 왔다고 생각합니다. 나는 잘했는데 남, 회사, 국가, 법, 이념, 종교, 세계가 잘못해서 스트레스가 생겼다는 것입니다. 부처님은 외부의 세계라는 것이 과연 무엇인지 그리고 그 실상을 밝혀 보여주고자 하였습니다. '사리자'는 부처님에게 이렇게 물었을 것입니다."라며 오달님은 각색하였다.

[부처님이시여, 아침에 눈을 뜨자마자 바삐 움직이며 삽니다. 이 세상을 어떻게 대하여야 합니까?]

"눈앞에 벌어지는 현실 세계에 대한 '사리자'의 질문에 부처님은 아래와 같이 말하였습니다."

이 부분에 대해 오달님은 다음과 같이 설명하였다.

"여기서 계界, field는 흔히 말하는 세계 또는 경계境界, 부닥치는 상황라는 뜻입니다. 학생의 세계, 젊은이의 세계, 예술인의 세계라는 말들을 쓰지 않습니까! 눈으로 보는 바깥 세계도 있지만 눈에 안 보이는 마음의 세계나 경계도 있습니다. 부처님은 다음과 같이 말씀하셨습니다."

눈의 경계도 의식의 경계까지지도 없고, 무명도 무명이 다함까지도 없다.

There is no field of the eyes up to and including no field of mind consciousness; and no ignorance or ending of ignorance.

無眼界乃至 無意識界 無無明 亦無無明盡

"대부분의 스트레스와 번뇌는 바깥으로부터 온다기보다 그것을 받아들이는 마음의 세계나 경계에서 생긴다는 것입니다. 자기 자신과는 다른 생각과 이념들을 만났을 때 이를 어떻게 받아들이느냐? 입니다. 이런 경우 부처님은 '사리자'에게 뭐라고 했을까 상상해볼 수 있습니다."

[사리자여, 눈을 떠도 볼 수 있는 것이 아무것도 없다면 어떻겠느냐? 네가 사막 속에 있거나 망망대해 한가운데 무인도에 홀

로 있다면 안계眼界, 시야에 들어오는 풍경가 있다고 하겠느냐? 없다고 하겠느냐?]

"이 물음에 '사리자'는 다음과 같이 말하지 않았을까요?"

오달님은 말하고는 이렇게 각색하였다.

[부처님이시여, 시야는 있으나 보이는 것이 없으니 안계는 없는 것과 다를 바 없습니다. 그러나 너무 외로워서 살 수 없을 것 같습니다.]

[사라자여, 매일 많은 사람들로 북적대는 군중 속에서 시달리며 산다면 어떻겠느냐?]

[부처님이시여, 그것도 괴로운 일이 분명합니다.]

[사리자여, 너는 넓은 곳도 비좁은 곳도 싫다하니 네가 편히 머물 곳은 어디냐?]

[부처님이시여, 저는 찾았습니다. 그곳은 제 눈으로 보는 바깥 세상에 있지 아니하고 제 마음속에 있음을 드디어 알게 되었나이다. 본심자리에서 벗어나 저의 생각意과 알음알이識를 갖고 세

상을 보았기 때문에 외로움과 번잡함이 있다고 생각했습니다.]

[사리자여, 사람들이 본심을 벗어나는 것은 어리석음 때문이니라.]

오달님은 이렇게 말하였다.

"불교에서는 깨달음을 방해하는 것이 셋이 있다고 하는데 탐심貪, 성냄瞋 그리고 어리석음癡입니다. 이중에서 어리석음은 진리의 실상을 모르는 것이기 때문에 무명無明, ignorance이라고 합니다. 그래서 무명을 깨뜨리거나 벗어나면 깨닫는다고 합니다."

오달님은 계속 각색하였다.

[부처님, 어떻게 하면 무명에서 벗어날 수가 있습니까?]

[사리자여, 너는 이미 인간의 어리석은 생각과 알음알이가 무엇인지도 알고 어떻게 생겨나는지도 알고 있지 않느냐?]

[예, 알고 있습니다. 부처님, 저는 하루 속히 무명에서 벗어나 본심으로 살겠습니다.]

[사리자여, 본심자리는 어떤 곳이냐?]

[부처님, 텅 비어 있어서 생각이 발붙일 수 없는 곳이니 무명에서 벗어나야겠다는 생각마저도 일어날 수 없는 곳입니다.]

[사리자여, 그렇다. 그래서 너에게 말하노니 네가 깨달음을 성취하려면 무명을 다하고 또 다했다는 생각마저도 없어야 한다, 역무무명진亦無無明盡해야 하느니라.]

오달님은 다음과 같이 말을 이어갔다.

"우리들은 알게 모르게 가상현실 속에서 살고 있으며 가상현실은 상품화되고 있습니다. 사실 문학이나 예술작품은 인간의 상상력을 전제로 만들어내는 것입니다. 주부들이 좋아하는 드라마, 청소년들이 즐기는 각종 게임, 성인들이 자주 찾는 실내 스크린 골프 등이 모두 가상현실을 즐기는 것입니다. 최근에는 안경처럼 생긴 개인용 가상현실 장치가 상용화되어 다양한 문화생활을 즐길 수 있게 되었습니다. 그런데 어떤 것은 인간의 욕망을 극도로 자극하여 도박에 빠지도록 하고 한번 빠지면 벗어나기 힘들게 만들어 사람을 망가뜨리기도 합니다. 여기서 빠져나오는 방법은 가상현실의 실상을 깨닫는 것이지요. 다시 말해서 본래 없었던 것을 알아차리라는 것입니다."

늙음과 죽음

'본심'이 중요한 것은 알고 있으나 나이가 들면서 몸은 늙어가고 죽음에 한 발짝씩 다가가는 것은 어쩔 수 없는 것이다. 이 엄연한 문제를 '사리자'는 부처님에게 물었을 것이다.

오달님은 이런 상황을 다음과 같이 각색하였다.

[부처님, 사람이 이 세상에 태어나면 누구나 나이가 들고 병이 들어 결국은 죽게 됩니다. 그래서 늙어가는 것을 두려워합니다. 이 숙명적인 생 · 로 · 병 · 사에서 벗어나는 길은 없습니까?]

[사리자여, 너도 늙어 죽는다고 생각하느냐?]

[부처님, 저도 육신을 갖고 태어났는데 어찌 죽지 않을 수가 있겠습니까? 정신적 고통은 마음으로 다스린다 해도 육신이 늙어

서 겪는 고통은 어떻게 해야 합니까?]

이에 대해 부처님은 이렇게 말하였다.

> 늙고 죽음도, 늙고 죽음이 다함까지도 없다.
>
> There is no old age and death or ending of old age and death.
>
> 無老死 亦無老死盡

오달님은 이 부분을 다음과 같이 각색하였다.

[사리자여, 너는 무엇을 '너'라고 하느냐? 너의 육신을 '너'라 하느냐? 아니면 너의 정신을 '너'라고 하느냐? 너의 정신이 있다면 그 정신은 무엇이냐?]

"순간 '사리자'는 본심에서 벗어나 몸과 정신을 오락가락하며 몸이 늙는다는 생각에 머물렀던 것입니다. 그리고 '사리자'는 다시 본심으로 돌아가 부처님께 이렇게 말씀드렸을 것입니다."

[부처님이시여, 본심에는 몸이라는 생각도 없는데 몸이 늙는다는 것이 있을 수 없습니다無老死. '늙음이 없다'라는 생각마저도 없습니다亦無老死盡.]

오달님의 해설이 끝나자 햇님이 무슨 말을 하려는지 "오달님, 음…음"하면서 뜸을 들이며 머뭇거린다. 표정을 보니 말을 할까 말까 꽤나 망설이는 것 같았다.

"뭐 하실 말씀이 있으십니까?"라고 오달님이 물었다,

"좀 뭐한 질문인데 오달님은 얼굴에 검버섯이 있는데 피부과에 가면 깨끗이 없앨 수가 있어요, 그러면 아마 10년은 젊어지실 걸요."

아무리 자유로운 대담이라고 해도 딱딱한 경전의 말씀만 이야기하는 것은 지루하기에 간간이 이런 질문은 청량제가 되기도 한다. 오달님은 얼굴에 미소를 띠고 흰머리카락을 손으로 쓸어 올리면서 이렇게 말하였다.

"그렇지 않아도 주위에서 많이들 그럽디다. 그런데 잘 몰라서 하시는 말씀입니다."

"네?" 햇님은 의아한 표정으로 오달님을 쳐다보았다.

"사실 나는 30대 초반에 중병으로 다 죽어가고 있었습니다. 그때 나의 간절한 소원이 무엇이었는지 아십니까?"

가벼운 분위기가 갑자기 숙연해졌다. 그리고 모두 오달님의 말에 귀를 기울였다.

"그 당시 나는 남들처럼 늙어보고 죽는 것이 소원이었습니다. 머리카락도 한번 희어보고 얼굴에 주름도 생겨보고, 나이든 할아버지 얼굴에 생기는 검버섯도 부러웠습니다. 지금 이 순간에도 젊은 나이에 중병으로 생사의 고비에 있는 분들이 있습니다. 아마 이 분들은 그 당시의 나와 같은 생각을 하고 있을지도 모릅니다. 죽음이라는 것이 언제 나에게 다가올지 아무도 모르니까요."

햇님이 분위기를 바꿀 양으로 화제를 돌렸다.

"오달님, 과학자들은 생명 연장법을 어떻게 연구하고 있나요?"

"옛날부터 인간이 오래 산다는 것은 꿈이었기에 많은 연구를 했지요. 그 결과 발전한 것이 생물학과 의학입니다. 그래서 아주 중요한 사실 하나를 발견했습니다."

"그 하나가 무엇인데요?" 달님도 궁금해 하였다.

"사람은 누구나 태어나면 나이가 들고 늙어 죽습니다. 사람만 그런 것이 아니라 지구상의 모든 생명체가 다 그렇다는 것입니다. 생명체가 태어나고 성장하고 늙어 죽는 과정을 연구하여 밝혀낸 것이 있는데 그것이 생장곡선이라는 것입니다."

오달님은 책장에서 책 한 권을 꺼내 펼쳐 놓으면서 "이것 보이시지요? 이것이 생장곡선입니다."라고 하면서 그림을 보여주었다.

"이것은 미생물의 생장곡선이고, 이것은 식물의, 이것은 사람의 생장곡선입니다. 어떻습니까?" 모두들 유심히 그림을 보고는 "비슷한데요"라고 말하였다. 이 말에 오달님은 말하였다.

"아니, 비슷한 게 아니라 같지요. 안 그렇습니까?"

"아! 정말 신기하네요." 모두들 이구동성으로 감탄사를 연발했다. 오달님은 계속하였다.

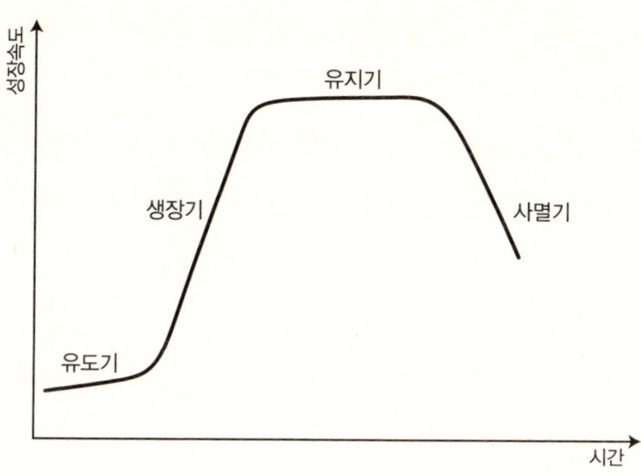

"생물체의 구성 요소인 단백질의 운명도 역시 같고 인구의 증가를 예측하는 공식도 만들어낼 만큼 엄연한 자연계의 철칙입니다. 이 자연계의 철칙을 믿고 싶지 않은 것이 우리들입니다. 늙는 것이 서럽다는 것입니다. 오죽하면 늙으면 생기기 마련인 주름살을 감추려고 신경을 마비시키는 보톡스 주사를 자청해서 맞겠습니까!"

보톡스는 C.보트리늄이라는 맹독성 식중독 세균이 내는 독성물질이다.

오달님은 계속하였다.

"그래서 사리자에게 늙음과 죽음에 관하여 말씀하신 것입니다. 늙음은 시간의 흐름에 따라 일어나는 자연현상입니다. 그런데 시간이란 것이 아주 상대적입니다. 우리는 지구가 태양을 한 바퀴 도는데 걸리는 기간을 1년이라 정했고 지구가 자전하는 기간을 하루로 잡았지요. 하루라는 것은 밝음과 어둠이 교차하는 기간입니다. 결국 변화의 굴곡을 시간의 단위로 한 것입니다. 최근에는 시간의 중요성이 높아지면서 보다 정확히 할 필요가 있어서 세시움-133이란 동위원소의 진동주기 수를 기준으로 했습니다. 주기 수 9,192,631,770을 1초로 하였습니다."

"오달님, 지금은 우주시대인데 다른 천체에서도 같은 시간 단위를 쓸 수 있습니까?" 햇님이 물었고 오달님은 답하였다.

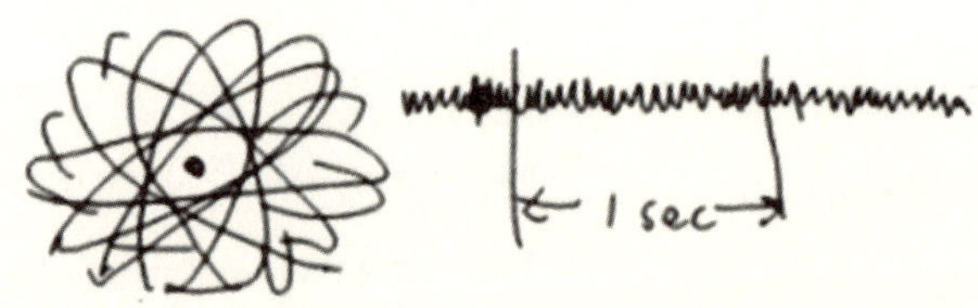

"다르지요. 시간이라는 것이 상대적인 것 아닙니까? 대학 입시나 회사 입사시험 결과가 발표될 때의 시간은 아주 느리게 갑니다. 늙는다는 것도 아주 상대적입니다. 부처님의 말씀은 시간의 단위를 상대적인 것이 아닌 절대 단위로 '본심의 시간 단위'를 써야 한다는 것입니다."

이 말에 별님이 물었다. "'본심의 시간 단위'는 또 무엇입니까?"

"본심의 절대시간 단위는 '없는 것'입니다."

"없는 것이 어떻게 단위가 될 수 있습니까?"

질문과 대답이 오갔다.

"굳이 있다고 하면 '일념즉시무량겁一念卽時無量劫'입니다. '한 생각이 곧 무한한 시간이다'라는 말입니다."

"무슨 뜻인가요?" 햇님이 묻고 오달님은 설명하였다.

"물질세계에서는 물질인 세시움 원자의 진동을 기준으로 할 수 있지만 본심의 세계에서는 정할 수가 없다는 것입니다."

"왜 못 정한다는 것인가요?"

"본심에는 아무것도 없는데 무엇이 진동하겠습니까? 기준으로 삼을 것이 없지요. 이런 시간의 실상을 안다면 변화의 굴곡을 잣대로 하는 늙음이란 것이 있을 수 없다는 것입니다. 요즘 '나이는 숫자일 뿐'이라고들 하던데 이 말은 본심의 시간 단위를 반영한 표현입니다. 변화하는 물질 기준에서 바뀌지 않는 마음 기준으로 바꾸어 보자는 말이지요. 본심을 알고 그런 말을 하는 것인지는 몰라도 그 말에 많은 사람들이 공감하는 것을 보면 '불성'은 누구나 갖고 있다는 증거라고 볼 수 있습니다. 불성이란 말은 '부처의 마음', 즉 깨달은 자의 마음인 '본심'을 말하는데 부처님께서는 '불성'은 모든 중생들이 갖고 있다고 하였습니다."

새로운 세상을 찾다

스트레스 없는 세계

우리는 다시 「반야심경」으로 돌아와서 다음 문장을 읽었고 오달님은 이렇게 말하였다.

"'사리자'는 이런 생각을 했을 것입니다. '본심의 자리에서는 늙음과 죽음의 두려움에서 벗어나 편하게 산다고 해도 나 혼자만 편하게 살 수는 없는 것이다. 가족과 이웃이 불행하면 결코 행복한 것이 아니지 않는가!' 라고 말입니다. 그래서 그는 나와 남이 모두 아무런 고통 없이 함께 살 수 있는 세상이 없을까? 생각했을 것입니다.

오늘날의 실정을 봐도 그렇습니다. 미국과 멕시코 국경선은

가난한 남미 사람들이 위험을 무릅쓰고 미국으로 밀입국을 시도하는 곳입니다. 아프리카인들은 목숨을 걸고 지중해를 건너 유럽으로 갑니다. 우리나라에도 지옥 같은 삶에서 벗어나려고 목숨을 걸고 탈북하는 동포들이 많습니다." 오달님은 계속하였다.

"이것은 풍요롭고 제도와 환경이 잘 갖추어진 세상을 찾아가자는 것이지요. 불교에서는 이런 곳을 정토淨土라고 부릅니다. 그러나 잘 사는 나라를 찾아가는 것은 일부 건장한 젊은이들이나 시도할 수 있는 것이지 부녀자나 노약자들은 그렇게 할 수 없습니다. 이런 바탕 위에서 '사리자'는 부처님에게 물었을 것입니다.

[부처님, 중생들이 스트레스와 불안 공포 없이 편히 살 수 있는 곳이 있습니까? 있다면 그곳은 어디이며 어떻게 갈 수 있습니까?]

스트레스, 불안, 공포의 끝

새로운 이상향을 묻는 '사리자'의 질문에 부처님은 다음과 같이 말하였다.

> 고집멸도도 없으며, 지혜도 얻음도 없느니라.
>
> There is no suffering, no accumulating, no extinction, and no way, and no understanding and no attaining.
>
> 無苦集滅道 無智亦無得

[사라자여, 너는 진정 고해苦海로부터 벗어나 고통이 없는 안락한 곳, 열반涅槃에 이르기를 원하느냐?]

오달님은 이렇게 각색하고는 해설하였다.

"열반이란 말은 깨달아서 얻어지는 세계를 말합니다. 고통에서 해탈하여 누릴 수 있는 평화로운 세상입니다. 그 뜻이 잘못 전해져 죽어서 가는 세계로 알고 '사람이 죽는 것을 열반에 든다'라고 하는데 바른 뜻이 아닙니다. 열반이란 것은 생사가 없는 세상입니다." 오달님은 계속 각색하면서 설명하였다.

[부처님, 그곳이 어디이며 그곳으로 가는 길을 일러주십시오.]

[사리자여, 내가 이미 깨달음에 이르는 네 가지 진리의 길四聖諦을 말하지 않았더냐?]

[네, 부처님께서 고집멸도苦集滅道의 사성제를 이미 설하여 주셨습니다.]

오달님은 용어를 풀이하였다.

"여기서 '고苦'라고 하는 것은 생로병사를 겪어야 하니 고통이고, '집集'이라고 하는 것은 고통에는 반드시 원인이 있다는 것입니다. 그리고 원인을 없애는 것을 '멸滅'이라 하고 '고'에서 벗어날 수 있는 길을 '도道'라고 합니다."

용어풀이를 마치고는 「반야심경」 문장을 각색하였다.

[사리자여, 나는 또 너에게 한 생각도 일어나지 않는 본심자리를 보여 주지 않았느냐?]

[네, 부처님 그렇게 하셨습니다.]

[사리자여, 본심자리에서 보면 사성제가 잘 보이느냐?]

[부처님, 아무것도 없습니다,]

[부처님이시여, 놀랍게도 제가 무명을 타파하고 지혜를 얻었다거나 열반에 이르렀다는 생각마저도 없습니다.]

[사리자여, 지금 너처럼 무엇인가를 얻었다는 생각마저도 없기 때문에 너는 이미 한 생각도 없는 적정한 본심(열반)에 이른 것이니라. 장하다, 사리자여. 너는 본심에 바로 머물고 있구나! 본심자리에는 '고집멸도'라고 할 만한 것도 없느니라無苦集滅道.]

[부처님, 제가 지금 머물고 있는 곳에는 '고집멸도'라는 것도 없나이다. 이곳이 어디입니까?]

[사리자여, 잘 들어라. 너는 이미 무명에서 벗어나 밝은 지혜를 얻었구나. 네가 머물고 있는 곳이 바로 고통이 없는 열반Nirvana이다. 보살 되는 길은 딴 곳에 있지 않다. 모든 보살들이 이 최상의 지혜의 결정체인 '반야바라밀다'를 수행하여 모든 장애에서 벗어날 수 있었다. 너는 본심의 세계를 살 수 있다고 할 수 있느냐?]

[부처님. 네, 그러하옵니다.]

"오달님, 스트레스가 고통인데 이 고통을 없애는 길이 '사성제' 라고 한다면 중요한 것이니까 좀 자세히 알아야 할 것 같습니다. 상세히 설명해주시면 좋겠습니다." 별님이 이렇게 요청하자 오달님은 사성제를 설명하였다.

"부처님이 깨달으시고 나서 설법하신 네 가지 진리를 사성제四聖諦, 네 가지 성스러운 진리라고 합니다. 첫째 고제苦諦, 고의 실상는 '생로병사生老病死'인 네 가지 고통四苦과 만나기 싫은 사람과 만나는 괴로움 '원증회고怨憎會苦, 원수는 꼭 만나게 되어있다'와 사랑하는 사람과 이별하는 고통 '애별리고愛別離苦', 갖고 싶은 것을 못 갖는 괴로움 '구부득고求不得苦'입니다. 둘째 집제集諦란 고의 원인으로 쾌락만을 추구하는 무명無明, 어리석음과 갈애渴愛, 애타게 갈망하는 것입니다. 셋째 멸제滅諦는 무명을 남김없이 멸하는 수행방법을 말합니다. 넷째 도제道諦는 열반에 도달하는 길입니다." 오달님은 풀이를 마치고는 이렇게 말하였다.

"그런데 본심자리에서 산다면 이미 사성제를 넘어서 도착한 극락(열반)인데 극락이 어디며 어느 길로 가야 합니까? 라고 묻는 것은 우습지 않습니까! 강을 건너면 나룻배가 필요 없는 것과 같은데 말입니다."

니르바나

온갖 스트레스, 불안, 고통은 비교에서 온다는 것을 알게 되었다. 비교의 실상을 알게 된 이상 문제의 해법은 비교하는 마음에 있지 않고 그런 마음을 내는 '본심'에 있다. 영원한 정신적 자유를 누리고 사는 분을 성자라고 한다. 성자 중에서 이웃의 불행을 보고 지나칠 수 없는 자비행慈悲行을 하시는 분을 보살이라고 한다. 오달님은 다시 부처님과의 대화 상황으로 돌아와서 이야기해보자며 이렇게 말하였다.

"'사리자'는 본심에서 영원한 자유를 얻을 수 있음을 확인하였으나 과연 '관세음보살'처럼 되려면 특별한 비법이 있는가? 라는 생각을 하고 있었다고 봅니다."

부처님은 '사리자'의 마음을 알고는 보살이 되는 길을 말씀하였다.

> 얻을 것이 없는 까닭에 보살은 반야바라밀다를 의지하므로 마음에 걸림이 없다.

Because nothing is attained, the *Bodhisattva* through reliance on *Prajna Paramita* is unimpeded in his mind.

以無所得故 菩提薩陀 依般若波羅蜜多 故心無罣碍

[사리자여, 보살 되는 길은 딴 곳에 있지 않다. 모든 보살들이 이 최상의 지혜의 완성 '반야바라밀다'를 수행하여 모든 장애에서 벗어날 수 있었기에 보살이 된 것이다. 너는 본심의 세계를 살 수 있다고 할 수 있느냐?].

"여기서 우리는 '반야바라밀다Prajna Paramita'의 뜻을 되새겨 볼 필요가 있습니다. 누가 한번 말씀해 보시겠습니까?"

오달님이 물었다.

정적이 찾아든 듯 아무도 말이 없었다.

"마음에 그려지는 대로 누가 한번 말씀해 보십시오."

오달님이 재촉하자 달님이 말하였다.

"본심으로 돌아가 사는 것입니다."

"그렇습니다."

"그러면 '반야바라밀다행'은 무엇입니까?" 별님이 물었다.

"그것이야 본심으로 사는 생활입니다. 그런 행동은 지혜의 완성으로 이루어진 행동입니다."

오달님은 간단히 답하고는 다음 문장을 각색하였다.

[부처님, 네 그러하옵니다.]

[사리자여, 그렇다면 세속의 번뇌와 고통을 벗어나 안락한 세상에서 살고 있다고 말할 수 있겠느냐?]

[부처님, 그렇습니다.]

걸림이 없으므로 두려움이 없어서 뒤바뀐 헛된 생각을 멀리 떠나 완전한 열반에 들어간다.

Because there is no impediment, he is not afraid, and he leaves distorted dream-thinking far behind. Ultimately *Nirvana*!

無罣碍故 無有恐怖 遠離顚倒夢想 究竟涅槃

"비교의 실상을 알았으니 상대적 빈곤이며 열등의식과 같은 세속의 잣대에서 벗어날 수 있다고 부처님은 '사리자'를 바라보면서 이와 같이 말씀하신 것입니다."

오달님은 이렇게 각색하였다.

[사리자여, 너는 본심의 세계에서 살고 있다. 그렇다면 세속의 불안과 고통에서 벗어났다고 말할 수 있겠느냐?]

[부처님, 이 본심의 세계는 광활하고 아무것도 없어 걸릴 장애물도 없습니다. 아무런 걸림이 없는데 무엇을 두려워하겠습니까. 두려울 것이 없으니 안락한 삶을 살고 있습니다.]

[사리자여, 너는 이미 중생이 겉만 보고 옳다고 믿었던 것이 옳은 것이 아니고, 그르다고 탓했던 것들이 모두 잘못되었음을 알게 된 것이다遠離顚倒夢想. 사람들이 가장 두려워하는 죽음도

죽는 것이 아니라는 것을 알게 되었도다.]

[부처님, 저는 드디어 사람이 행복하고 영원히 죽지 않고 사는 길은 바로 열반밖에 없다는 것을 알게 되었나이다究竟涅槃. 이전에는 감히 상상할 수도 없었던 세상을 찾았습니다.]

니르바나 멤버쉽

깨달음

해탈이란 나를 짓누르는 물질적, 정신적 압박에서 완전히 벗어나는 것을 말한다. 영원한 자유를 만끽할 수 있는 삶이야말로 최상의 지혜로운 삶이다. 최상의 지혜를 완성하신 분이 바로 부처님이다. 부처님은 '사리자'에게 다음과 같이 말씀하셨다.

> 삼세의 모든 부처님도 반야바라밀다를 의지하므로 최상의 깨달음을 얻었느니라.
>
> All Buddhas of the three periods of time attain Anuttara-samyak-

sambodhi through reliance on *Prajna Paramita*.

三世諸佛 依般若波羅蜜多 故得阿耨多羅三藐三菩提

[사리자여, 과거에 출현하셨던 모든 부처님들도 한결같이 이 '반야바라밀다'를 행하여 본심을 찾아 부처가 되신 것이다. 지금도 그리고 앞으로 다가올 미래세에도 그리될 것이다. 그래서 '반야바라밀다'를 부처를 만드는 경이라고 하느니라.]

"오달님, 일반적으로 신앙의 목표는 절대자를 믿어 절대자가 사는 하늘나라에 태어나 영생을 얻는 것인데 깨달음을 목표로 하고 또 깨달음이 세상의 진리를 터득하는 것이라면 자연의 실상을 다루고 있는 자연과학과 무엇이 다릅니까?" 별님이 의문을 제기하였다.

"종교란 신과의 관계를 떠나서는 성립할 수 없습니다. 그런데 종교란 말은 최고의 가르침이란 뜻입니다. 그 가르침의 내용은 진리입니다. 그래서 종교지도자를 선지자先知者 또는 선지식善知識이라고 하지 않습니까!"라고 오달님이 말하였다.

"그러면 최고의 선생님이 선지자이고 '깨달은 자'라는 말씀인가요?" 별님이 다시 물으니 오달님은 비유를 들어 이렇게 말하였다.

"갑자기 대형사고가 발생했다고 합시다. 그럼 어떻게 합니까? 목사님이 갑니까? 스님이 갑니까?"

"그럴 때는 전문가가 가야지요." 별님이 답하였다.

"전문가는 누구인데요?" 다시 오달님이 되물었다.

"그 사고의 실상을 꿰뚫어 알고 있으면서 해결방법을 잘 아는 지혜를 갖춘 사람이지요." 그러자 오달님은 다시 말하였다.

"부처님, 하나님, 제발 도와주세요! 라고 기도하는 것은 이 어려운 지경에서 자기를 구해줄 수 있는 선지식지혜를 갖춘 분을 부르는 것입니다. 실질적 도움을 줄 수 있는 분이 보살이며 보살은 실상을 알고 지혜롭게 문제를 해결할 수 있는 분입니다."

"보살님과 부처님의 차이는 무엇인데요?"라고 햇님이 물었다.

"보살님의 스승이 부처님입니다."

"그렇다면 믿음이 종교의 기본인데 믿음이 필요 없다는 것입니까?"

"믿음이란 것은 강요한다고 되는 것이 아니고 당사자의 개인적인 문제입니다. 공부를 남이 대신해줄 수 없듯이 믿음도 남이 대신해줄 수 없습니다. 선생님이 실력이 있으면 믿음은 저절로 생기는 것이고 학생으로 하여금 공부에 전념할 수 있게 합니다. 이렇게 믿음이 스스로 생겨날 때 진정한 믿음이고 진리를 터득하는 데 큰 힘이 되는 것입니다. 그러나 최종 목표는 완전한 진리를 깨닫는 것입니다. 그 진리는 '모든 것은 본심이 만든다'는 것입니다. 이것을 지혜의 완성이라고 합니다."

반야바라밀다 주문

부처님은 비교의 실상과 최상의 지혜를 완성하는 길을 말씀하시고는 '니르바나'에서 살 수 있는 비법인 주문을 말씀하셨다.

반야바라밀다는 가장 신비하고 밝은 주문이며 위없는 주문이며 무엇과도 견줄 수 없는 주문이니, 온갖 괴로움을 없애고 진실하여 허망하지 않음을 알지니라.

Therefore, know that *Prajna Paramita* is a Great Spiritual *Mantra*, a Great Bright *Mantra*, a Supreme *Mantra*, an Unequalled *Mantra*. It can remove all suffering; it is genuine and not false.

故知 般若波羅蜜多 是大神呪 是大明呪 是無上呪 是無等等呪 能除一切苦 眞實不虛

오달님은 이 문단을 다음과 같이 각색하였다.

[부처님이시여, 이 '반야바라밀다'의 위력이 참으로 놀랍습니다. 불안 속에서 사는 고통 받는 중생들을 단번에 해탈케 하여 영원한 평안을 누리며 살 수 있도록 하니 참으로 신통하기 그지없나이다. 마치 제가 무슨 주문에 걸려든 것 같기도 합니다.]

[사리자여, 너만 그런 생각을 하는 것이 아니라 과거 현재 미래의 3세 모든 부처님들께서도 같은 생각을 하셨다. 그래서 '반야바라밀다'는 신통한 주문이며, 무명을 타파하여 밝은 지혜를 갖게 하는 빛나는 주문이며, 더 이상의 것이 없는 최상의 주문이라고 했고 아무리 찾아봐도 견줄 수 없는 주문이라고 하는 것이다. 열반의 문을 여는 열쇠이니 잘 간직하여야 하느니라.]

[부처님이시여, 잘 알고 있습니다.]

[사리자여, 그러기에 이 주문은 모든 고통을 없애주는 열쇠니라. 내 말에는 조금도 진실에서 벗어난 것이 없으니 의심치 말라.]

[부처님, 그러면 주문은 어떤 것입니까?]

[사리자여, 잘 들어라, 너에게 주문은 일러주겠노라]

이제 반야바라밀다주를 말하리라.
아제아제 바라아제 바라승아제 모지 사바하

That is why the *Mantra of Prajna Paramita* was spoken. Recite it like this:

GatéGatéParagatéParasamgatéBodhi Svaha!

故說 般若波羅蜜多呪 卽說呪曰 揭諦揭諦 波羅揭諦 波羅僧揭諦 菩提娑婆訶

[아제아제 바라아제 바라승아제 모지사바하]
[아제아제 바라아제 바라승아제 모지사바하]
[아제아제 바라아제 바라승아제 모지사바하]

주문과 만트라

"오달님, 주문이라는 것은 어쩐지 미신 같은 느낌이 드는데요. 주술과 같은 것인가요?" 햇님이 묻자 오달님이 말하였다.

"주술이라는 것은 무당들이 귀신들을 불러 재앙을 막는다고 하면서 사용하는 것인데, 여기서 말하는 주문은 그런 것이 아닙니다. 불교에서는 진언眞言(다라니)이라고 부릅니다. 깨달음에 이르게 하는 진실된 말씀이라는 뜻입니다. 「반야심경」의 경우는 본심의 세계로 들어서는 암호password와 같은 것이라고 보면 됩니다."

햇님은 계속해서 물었다. "그리고 이상한 문양을 한 그림 '만다라'도 무속에서 사용하는 부적과 같은 느낌입니다. 아무리 봐도 첨단시대에는 맞지 않는 샤머니즘 같습니다."

오달님은 이 물음에 다음과 같이 말하였다.

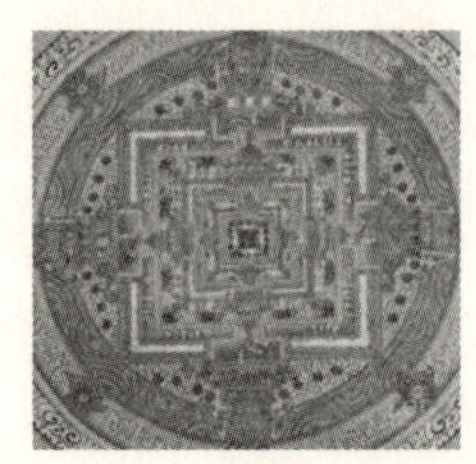

“제가 자주 듣는 질문입니다. 특히 학생들이나 지식인들로부터 듣는 말입니다. 아무래도 좀 설명이 필요한 것 같습니다.

‘만트라’는 ‘만다라’라고도 합니다. 티베트불교에서 많이 사용하고 있으며 우리나라 사찰에서도 많이 볼 수 있습니다. ‘만트라’는 우주의 실상을 하나의 도안으로 압축 표현한 것입니다. 그 도안을 보면 주로 부처님을 중심에 두고 주위에 ‘보살’들을 배치하기도 합니다. 깨달음의 세계, 극락정토를 표현한 상징물이라고 볼 수 있습니다.”

“우주의 실상이라면 별자리 같은 것을 나타낸 것인가요?” 별님이 물었고 오달님은 계속하였다.

“우주의 실상이라고 한 것은 ‘본심’을 중심으로 하여 우주만상이 전개되는 모습을 나타낸 것입니다.”

“저 역시 샤머니즘 같은 느낌은 받는데요. 울긋불긋한 색깔이며 문양이 좀 그런데요.” 햇님도 비슷한 반응을 보였다.

오달님은 커피로 목을 축이고는 말을 계속하였다.

“아마 많은 분들이 그렇게 생각하는 것 같은데 저는 아주 첨단적이고 발상의 전환이 돋보이는 작품이고 놀라운 발명품이라고 생각합니다. 요샛말로 하면 깨달음의 세계로 인도하는 컴퓨터나 스마트폰의 '아이콘'에 비유할 수 있다고 봅니다." 별님이 도저히 이해할 수 없는지 이렇게 말하였다.

"오달님은 불교적인 것은 무조건 좋게 평가하는 것 같은데요."

동의할 수 없다는 완곡한 표현이다. 오달님은 계속 설명을 할 수밖에 없었다.

"인류의 발명품 중의 하나가 화폐, 돈입니다. 돈의 문양을 보세요. 얼마나 복잡한 그림과 색깔들로 되어있습니까! 그런데 이 돈만 있으면 원하는 물건을 손에 넣을 수 있지요. 지금은 화폐를 대신해서 신용카드가 요긴하게 쓰이고 있습니다. 신용카드에는 금융 신용정보를 담은 '바코드'나 'IC chip'이 내장되어 있습니다. 그뿐인가요, 컴퓨터와 스마트폰에는 많은 종류의 '아이콘'들이 프로그램을 대신하여 사용되고 있습니다. 우리가 '아이콘'의 내용은 몰라도 '아이콘'을 누르기만 하면 원하는 것이 실행됩니다.

그래서 나는 '아이콘'의 아이디어가 '만트라'에서 온 것이 아닌가 생각해 보기도 합니다. 신용카드와 상품에 표기하는 방식이 점점 '만트라'를 닮아가고 있기 때문입니다. 그것이 바로 'QR 코드' 같은 것이라고 생각합니다. 깨달음으로 이끄는 핵심정보들을 압축해 놓은 '비밀장치'라고 봅니다. 아마도 '만트라'는 인류 최초의 QR 코드가 아닌가 생각합니다."

오달님은 컴퓨터를 켜서 워드 문서로 즉석에서 QR 코드 하나를 만들어내고는 이렇게 말하였다.

"이것 잘 보세요. 이 QR 코드 모양이 '만트라'와 같지 않습니까?"

오달님은 이렇게 만든 QR 코드를 인쇄해서 탁자 한가운데 놓았다. 그리고 스마트폰을 꺼내더니 QR 코드를 읽어내는 QR 코드 리더(코드 판독기)를 갖다 댔다. 그 순간 스마트폰에서 째깍 소리를 내면서 방금 작성된 문서와 오달님의 사진이 나타났다.

"자, 이것 보세요. 신기하지 않습니까?" 오달님이 말하였다.

"와! 진짜 희한하네요."

모두 오달님의 '만트라–시연'에 박수를 보내며 신기한 표정을 감추지 못했다.

"정말 신기한데요. 오달님 말씀처럼 '만트라'를 다시 봐야겠습니다."

지금 이 글을 읽는 독자들도 스마트폰으로 이 QR 코드의 정보

저자약력.

서울대 농생명과학대학 교수로 38년간 재직하였던 명예교수이다.
한국산업식품공학회, 국제식품공학연맹 초대 한국대표, 서울대 불이회 회장,
화성 신흥사 신도회장, 용주사신도회고문 등을 역임했다.
김치냉장고 발명가이고 전공분야 외 저서로는 '음식이 사람을 만든다',
'보는 놈을 봐라', '부처되는 공식' 등이 있다.

odalchun@gmail.com http://metafoodphysics.org

를 읽을 수 있을 것이다. 이 놀라운 작품 '만트라'를 어찌 시대에 맞지 않는 샤머니즘의 부적이라 할 수 있겠는가?

부분과 융합

오달님은 말을 계속하였다.

"「반야심경」은 인간이 겪는 스트레스와 고통을 해결하기 위한 길과 실천방법을 다루고 있습니다. 먼저 인간의 실체nature를 심층 분석하기 위하여 마음consciousness과 몸body으로 나누었습니다. 그것이 색hardware과 공software입니다. 둘로 나누고 보니 각각의 성질과 역할을 알 수 있었습니다. Software가 hardware를 지배하면서 사는 것이 우리들의 삶임을 알게 된 것입니다. 이것이 부처님이 주장하신 '일체유심조一切唯心造'입니다. 육체의 운영체계OS, operation system를 다시 상세히 나누어 분류한 것이 수상행식acquire, compute, branch, execute이었습니다. 부분으로 나누고 보니 수정이 가능하고 더 좋게 만들 수 있었습니다. 작은 것은 크게, 큰 것은 작게, 모자람은 충족으로, 불행은 행복으로, 늙음은 젊음으로, 종말은 시작으로, 순간은 영원으로 인식하게 만들 수 있음을 확인하였습니다.

다음은 부분을 다시 합치는 융합기술fusion입니다. 융합기술은 조심스럽게 해야 합니다. 이 융합작업은 새 사람으로 다시 태어나기를 기도하는 마음으로 수행해야 합니다. 분해작업으로 엉클어진 주변을 말끔히 정리하고 소프트웨어가 하드웨어의 구석구석을 완벽하게 통할 수 있도록 기원해야 합니다.

절에 가면 원통전圓通殿이 있습니다. 원통전은 지혜 완성의 주인공 관자재보살님을 모신 전각입니다. '만다라'는 원통의 형상화이며 '아제아제 바라아제 바라승아제 모지사바하'는 성공적인 원통을 바라는 기원입니다. 깨달음의 성취를 바라는 발원입니다. 스트레스와 온갖 고통으로부터 해탈의 기쁨을 만끽하는 환희의 소리입니다."

이곳 숲 속의 연구실에서 스트레스의 해법으로「반야심경」에 대하여 여러 번의 대담을 나누고 마무리하였다. 이 시대를 사는 젊은이들에게 다가가려고 '스트레스 백신'이란 별명도 붙여 보았다. 우리들은「반야심경」대담으로 이전보다 훨씬 여유롭고 가벼운 마음을 갖게 되었다.

가을에 시작한 대담이 달포가 지나서 어느 덧 겨울로 접어들었다. 겨울의 해는 빨리 진다. 석양이 붉게 물들고 둥근 해가 나뭇가지에 걸려 있을 때 우리는 숲을 벗어났다.

대담 코멘트

숲 속의「반야심경」대담이 끝난 후 미진한 부분도 있고 궁금한 것도 있어 다시 한 번 모이기로 하였다. 추가 대담에서는 보다 솔직하고 진지한 말들이 오갔다.

일부 내용은「반야심경」과 직접 관련은 없으나 이해하는데 도움이 될 것 같아 그대로 실었다.

색의 대표성

숲 속 여기저기서 분주한 모습을 보였던 다람쥐도 한겨울이라 눈에 띄지 않았다. 오달님은 양지바른 길을 따라 걷고는 방으로 돌아왔다. 잠시 창가의 소파에 앉아 몸을 녹이고는 곧 찾아올 손님들을 위해 커피를 준비하고 있었다.

"오달님, 커피 향이 밖에서도 은은하게 풍깁니다."

오달님은 이들을 반갑게 맞이하였다.

"날씨가 꽤 쌀쌀합니다. 지금 막 내린 커피 한잔씩 드시지요." 우리는 차를 마시면서 그간의 안부를 물었다.

오달님이 대담의 말문을 열었다.

"지난 대담에서 궁금한 것이나 의문점이 있었다면 자유롭게 말씀해보도록 하시지요."

햇님이 먼저 말을 꺼냈다.

"오달님 말씀대로 「반야심경」 읽을 때 매 문구마다 주어로 '본심'을 넣고 보니 뜻이 더욱 명확하게 드러났습니다. 그런데 '본심은 어떠하다'와 같이 쓸 때도 있는가 하면, '본심에는 아무것도 없다'와 같이 장소로 표현될 때도 있던데요. 왜 그런가요?" 이 질문에 오달님이 말하였다.

"문맥을 따르다 보니 그렇게 된 것입니다. 본심의 본질을 따질 때는 주어가 되고 본심의 상황이나 상태를 가리킬 때는 다르게 사용해야 할 것입니다."

다음은 별님이 잘 이해가 안 되는 점이 있다고 말하였다.

"색즉시공色卽是空 부분입니다. 색色은 모양이 있는 물질이라 했는데 허공도 빈 것 같지만 각종 원소들이 양자와 전자의 형태로 있는데 공空이라고 할 수 없지 않을까 생각합니다. 그 한계가 애매하다는 것입니다. 좀 구체적으로 말씀해 주십시오."

오달님은 말하였다.

"색色은 물질을 뜻하며 그 형태가 양자든 전자든 모두 포함되지요. 그리고 물질 이외에 다른 것도 대변하고 있습니다. 우리들의 오감五感으로 느끼는 외부의 모든 자극을 가리킵니다. 다시 말해서 색 · 성 · 향 · 미 · 촉 등을 모두 포함하고 있습니다. 그뿐 아니라 외부 자극을 받아 내적으로 일어나는 생각과 감정도 일부분 대변하고 있습니다.

압축표현이란 말을 하지 않았습니까. '색즉시공色卽是空' 이외에 '성聲즉시공', '향香즉시공', '미味즉시공', '촉觸즉시공', '의意즉시공'을 추가해서 말씀하실 것을 '색즉시공' 하나로 대변한 것입니다."

오달님은 계속하였다.

"'색즉시공色卽是空'만을 다룰 때는 물질이 '불에 타 없어지면 아무것도 안 남는다', '죽으면 남는 것이 없다'는 등 다른 종교에서는 보기 드문 과학법칙 같은 부분이 많습니다. 그래서 마치 '질량보존의 법칙'을 다루고 있다는 느낌을 받기도 합니다."

"질량보존의 법칙이 뭔데요?"

햇님이 별님을 바라보며 물었다. 인문학을 공부한 분이라 과학용어는 생소할 수밖에 없다.

"과학에서 아주 유명한 법칙이 '물질과 에너지는 모양이 바뀌어도 총량은 항상 같다'는 것입니다."

별님이 설명하였다. 그러자 달님이 이렇게 말하였다.

"그래서 스님들이 「반야심경」을 참으로 과학적이라고 하는군요."

종교적 믿음과 실상

달님은 말을 이어갔다.

"그리고 불교를 믿느냐, 과학을 믿느냐 물으면 과학을 믿는다는 분들이 훨씬 더 많습니다. 오달님은 과학자이면서 불교신자이시니 말씀을 듣고 싶습니다."

오달님은 이에 대해 이렇게 말하였다.

"불교와 과학은 서로 유사한 점은 있지만 '불교가 과학적'이라기 보다 '과학이 불교적'이란 말이 맞는 것 같습니다."

이 말에 별님도 관심이 많은지 오달님에게 물었다.

"불교도 종교이니 교주인 부처님의 말씀을 따라야 하고 그중에는 도저히 이해하기 힘든 부분이 많으니 과학을 끌어들여 정당화하자는 것 아닌가요? 기독교에서도 하나님이 모든 것을 창조했다고 하면서도 과학적이라고 하는 것과 같은 것 아닌가요?"

이번에 「반야심경」을 공부한 사람이 이렇게 말을 하는데 놀랐지만 오달님은 조용히 듣고 있었고 별님은 계속하였다.

"찰스 다윈의 진화론이 현대생물학의 기초인데도 생물학자나 의사들 중에는 하나님이 사람을 참 잘 만들었다고 하던데요. 그들이 배운 것이 진화론 아닙니까! 그런데도 창조론을 믿는 것을 보면 믿음과 진실 사이에는 넘을 수 없는 벽이 있는 것 같습니다."

이에 대해 오달님이 말하였다.

"저는 종교학자가 아니기 때문에 뭐라고 말할 입장이 아닙니다. 상식적으로는 종교와 과학은 모두 진리를 중요시하는 점에서 공통점이 있습니다. 그러나 그 진리의 내용과 입증하는 방법에서 많은 차이가 있습니다. 종교는 신을 절대자로 모시고 신앙하며 그 가르침인 교리에 따라야 합니다. 다시 말해서 진리를 교리 속에 담고 있습니다. 그렇기 때문에 진리라고 주장하는 내용을 비판도 수정도 할 수가 없습니다. 오직 신의 뜻으로 알고 믿음으로 극복해야 합니다."

햇님도 종교 비판에 가세하였다.

"인류평화를 내걸고 있는 종교가 서로 싸우고 전쟁을 벌이면서 세계평화를 깨뜨리고 있지 않습니까? 화목하던 집안에 타 종교인을 며느리나 사위를 맞으면 골치 아프고 그 스트레스가 대단합니다. 오죽하면 '제일 잘한 것이 딱 하나 있는데 그것이 뭐냐하면 종교를 안 갖고 살아왔다'고 하는 분들이 많겠습니까!"

오달님이 말하였다.

"믿음이란 것에 대한 바른 이해가 필요한 것 같습니다. 믿음은 체험과 보상을 바탕으로 한 것입니다. 그런데 직접 경험할 수 없는 것이 많습니다. 예를 들자면 태양이나 달과 같은 하늘의 세계, 천당과 극락은 아무나 갈 수 있는 곳이 아닙니다. 그래서 누군가가 그곳에 갔다 왔다고 하면 그의 말을 믿을 수밖에 없습니다. 그리고 그곳에서 살면서 겪었다는 일들을 그럴 듯이 이야기하면 믿음이 갑니다. 게다가 부모 형제나 평소 믿고 지내는 친구가 '그게 맞다'라고 거들면 모두 사실이 되어버립니다. 이렇게 되면 진위 여부는 상관이 없습니다. 그래서 믿음만으로 사실을 증명한다는 것은 위험이 따릅니다.

이에 비해 과학은 관찰 가능한 것만을 다루기 때문에 믿음과 같은 주관적 체험이 끼어들 여지가 없습니다. 그리고 그 체험은 반복해서 입증될 때만 사실로 인정됩니다. 사실로 판명되어도 공개적인 비판을 받으면서 생활과 산업기술에 응용되고 인류가 그 혜택을 실감하게 됩니다. 이렇게 성장한 과학기술의 발전은 참으로 놀라울 정도입니다. 볼 수 없는 것은 볼 수 있는 방법부터 연구합니다. 그 결과 관찰의 범위도 차츰 넓어져 10^{-15}m 수준의 소립자로부터 10^{27}m 크기의 우주를 관찰할 수 있게 되었고 체험의 폭과 질이 높아졌고 그 혜택을 받고 삽니다. 그 결과 과학기술에 대한 믿음이 확고해진 것입니다. 과학과는 거리가 먼 인문학과 사회학 같은 분야에서도 인문과학, 사회과학이라고 과학의 이름을 붙이는 것을 보면 과학의 믿음이 얼마나 큰지 알 수 있는 것입니다."

오달님의 설명이 끝나자 달님이 다시 물었다.

"그렇다면 진리를 알려고 하면 종교보다 과학을 믿어야겠네요."

오달님은 잠시 뜸을 들이고 나서 이렇게 말하였다.

"그런데 가장 어려운 문제가 인간에 관한 것입니다. 좁게 말하자면 생명현상에 관한 것입니다. 별님이 말씀하신 것처럼 진화론이 이미 입증되었음에도 아직도 창조론을 믿는 사람들이 많습니다. 그 이유는 감정, 생각, 사상, 문화를 만들어가는 놀라운 인간의 마음세계는 과학의 힘으로 접근하기가 쉽지 않기 때문입니다."

달님이 다시 말하였다.

"그러면 영원히 해결될 수 없는 문제로 남겠네요?"

"그렇지는 않습니다. 어느 집안이나 똑똑한 자손이 등장하여 가문의 어려움을 해결해 나가듯이 인류의 난제를 풀어줄 수 있는 천재적인 지혜를 가진 분이 반드시 등장한다고 봅니다. 나는 '석가모니 부처님'이 바로 그런 분이며 인류 역사상 보기 드문 천재라고 봅니다."

오달님의 이 말에 별님이 이렇게 말하였다.

"어떤 면에서 천재라는 것입니까?" 오달님은 계속하였다.

"과학의 힘으로 해결할 수 없는 인간의 마음을 통찰하는 길을 발견했다는 것입니다. 그것이 무엇인가 하면 물질과 마음을 둘로 보지 말고 하나로 봐야 한다는 것이며 그 방법까지도 상세히 설명해 놓았기 때문입니다. 예를 들면 「반야심경」의 '색즉시공'과 같은 것입니다. 종교와 과학이 충돌하는 것은 이 자연현상을 어떻게 받아들이고 이해하느냐입니다. 그런데 이것을 '수 · 상 · 행 · 식과 같은 과정processing을 들어 상세히 설명하였습니다. 그뿐 아닙니다. 과학에서 시간과 공간의 제한에서 과감히 탈피하는 인식과 판단의 상대성을 설명하였습니다. 시공간의 제한 속에서 적용되는 뉴턴의 운동법칙에서 시공을 넘어서는 아인슈타인의 상대성이론으로 발전하는 과학의 발전과정이 부처님의 상대성이론을 꼭 닮았습니다. 더욱 놀라운 것은 마음의 운영체계를 밝혔다는 것입니다. 이처럼 현대과학은 2600년 전에 밝혔던 불교의 이론을 증명해가고 있는 것입니다."

불이문

그러자 별님이 다시 물었다.

"그렇다면 왜 스님들이 '불교가 얼마나 과학적인 줄 아십니까?'라고 합니까? 과학이 불교보다 우수하니까 이런 말을 하는 것 아니겠습니까?"

"저도 그런 말을 수도 없이 많이 들었습니다."라며 햇님도 별님의 주장에 동조하였다.

그러자 오달님은 다시 말하였다.

“그거야 세속 사람들이 과학이 제일인 것처럼 말들을 하니 그렇게 말한 것이겠지요.”

“오달님은 너무 스님 편을 드시는 것 아닌가요?”

오달님은 불필요한 논쟁에 휩싸이는 것을 싫어하는데 어쩔 수 없이 설명을 계속하였다.

“하기야 일부 스님들이 그렇게 말하는 것을 나도 알고 있어요. 그러나 생각을 해보세요. 스님들이 어떤 분들입니까. 하루에도 여러 차례 「반야심경」을 독송하면서 사시는 분들입니다. 그리고 불이문不二門을 세우고 그 안에서 세속을 멀리하고 삽니다. 불이문이 무엇인 줄 아십니까? 문 밖을 세간世間(속세)이라 하고 문 안을 출세간出世間, 또는 진계眞界(진리의 세계)라고 합니다. 진계란 생과 사가 둘이 아니고 색과 공이 둘이 아니고 부처와 중생이 둘이 아닌 세계입니다. 몸과 마음, 물질과 정신을 둘로 나누지 않은 하나라는 것인데, 비교하지 말라는 것입니다.”

달님은 집요하게도 이 문제에 대해서 말을 계속하였다.

“그래도 조계종 종정을 하셨던 성철 스님도 과학 공부를 많이 하셨다고 하던데요.”

이 말에 오달님은 이렇게 말하였다.

“그 스님도 과학만능 시대라고 믿는 현대인들을 상대로 설법을 하자니 과학을 알 필요가 있었겠지요. 현대인들은 고등교육을 받은 분들이 많으니 과학용어에 익숙해져 있고 불교용어가 생소해졌으니 스님들도 과학을 알아야 할 필요가 있는 것이지요.”

그러자 햇님이 말하였다.

“맞습니다. 100년 전의 한국역사도 모르는 이 시대의 젊은이들에게 스님들이 자꾸 먼 옛날 중국의 당나라, 송나라 이야기를 하면 못 알아듣고 흥미가 없어지지요, 그런데 과학용어들은 많이 배워 낯익은 소리거든요. 그러니 관심이 가고 흥미가 생겨요.”

오달님은 머리를 끄덕이고는 말을 계속하였다.

“그런데 이 과학이라는 것은 자연, 특히 물질세계를 관찰하여 만들어진 객관적 지식, 알음알이입니다. 생각해보세요. 「반야심경」의 무수상행식無受想行識에서 식識은 알음알이인 지식입니다. 그런데 ‘부처님의 이 말씀이 얼마나 과학적입니까!’라고 하면 어떻게 되겠습니까? 지혜가 지식의 평가를 받는 것이 됩니다. 지식으로 다가갈 수 없는 본심의 세계에서 사는 자신들의 세계를 스스로 평가절하하는 것이 되지요.”

오달님은 커피 한모금을 마시고는 계속하였다.

“오히려 과학자들이 관찰을 통해 얻어지는 물질의 객관적 지식의 틀에서 벗어나 자신의 본심으로 세계를 보는 「반야심경」의 지혜로 연구를 한다면, 더 훌륭한 성과를 거둘 수 있을 것입니다. 왜냐하면 객관적 사실이란 것은 모든 사람이 똑같이 보고 느끼는 경험을 바탕으로 하는 것인데 세상은 그렇게 단순하지가 않습니다.

어린 손자와 할아버지의 경험이 다릅니다. 손자에게 설명해 줄 수 없는 것이 너무 많습니다. 예술, 수학, 화학, 생물, 정치, 경제 등 많은 분야에서 사용하는 언어와 표현법들이 각각 다릅니다. 이들이 세상을 보는 관점이 서로 다른데 경험이 같을 수가 없는 것입니다. 관점이 다르다는 것은 주관적 경험을 무시할 수 없다는 것입니다. 몇 년 전부터 양자 물리학계 일부에서는 본격적으로 주관적 의식의 중요성을 강조하는 새로운 분야가 생겼습니다. 이런 것을 보면 과학이 불교를 닮아가고 있는 것입니다. '과학적인 불교'가 아니라 '불교적인 과학'이라고 해야 맞습니다."

별님은 이번에는 주제를 바꿔 물었다.

"하나님과 부처님은 어떻게 다릅니까? 천국과 극락도 같은 곳 아닌가요?"

참으로 거북한 질문을 계속하니 오달님도 머리를 만지면서 머뭇거리고 나서 말하였다.

"이 질문도 「반야심경」의 내용과는 거리가 먼 질문이자 본심의 세계에서는 있을 수 없는 질문입니다."

오달님의 이 말에 별님은 무언가 질문을 잘못했나? 라는 표정을 지었다. 오달님은 별님을 보면서 설명을 계속하였다.

"본심의 세계 속에는 아무것도 없는데 하나님, 부처님이 어디 있겠습니까! 하나님과 부처님이라는 존재와 호칭은 한 생각 일으키고 난 다음에 생겨난 것 아닙니까! 시시비비는 비교에서 오는 것입니다. 「반야심경」에서 비교의 무상함을 강조하지 않았습니까!"

별님은 손으로 머리를 만지고는 알았다는 듯이 고개를 끄덕였다.

오달님은 계속 말하였다.

"한 실례를 들어볼까요. 내가 아는 스님이 신도가 입원해 문병을 갔습니다. 때마침 목사님이 옆 환자를 문병하면서 스님과 환자를 향해서 말했습니다. '우리 하나님께서는 원수를 사랑하라고 하셨습니다. 예수 믿어 구원 받으십시오'라고 하였더랍니다.

그러자 스님은 합장을 하면서 이렇게 말했답니다. '감사합니다. 그런데 우리들에게는 미워할 원수가 없는데 어떻게 하지요'

라고 했답니다. 비교 우위를 과시하려고 했는데 비교 자체를 못 하도록 한 지혜의 행동이라고 봅니다."

산중불교의 폐쇄성

별님은 궁금증이 더 생기는지 계속하여 물었다.

"오달님, 그런데 불교는 현대문명과는 거리가 멀고 그것도 사람의 발길이 닿지 않는 산속에 절을 세우니 폐쇄성이 강한 종교라고 생각합니다. 스님의 옷도 생활도 모두 구태의연하고요. 한마디로 현대적 감각이 없는 것 같습니다. 솔직히 말씀드려 이런 구식 종교에 누가 갈까 했는데 젊은 스님들이 계속해서 생기고 오달님 같은 학자들이 계시는 것을 보고 희한하다고 생각했습니다. 불교신도들도 스님을 닮아서인지 넥타이도 안 매고, 여자들은 화장도 잘 안하고 바지저고리나 통바지 같은 것을 입고 절에 가는 것을 보면 첨단유행과는 거리가 먼 것 같습니다."

오달님이 머리를 끄덕이면서 조용히 듣고 미소를 지었다.

"그렇습니다. 모든 면에서 뒤쳐져 보이는 것은 사실입니다. 그래도 여유가 있습니다. 왜 그런 줄 아십니까?"

햇님이 "모든 것을 내려놓은 분들이니까! 세상일에 전혀 관심이 없으니까 그렇지요."라고 말했다.

그러자 오달님이 이렇게 말하였다.

"대개 불교를 폐쇄적이다, 구태의연하다고 하는 것은 겉으로

드러난 모습일 뿐입니다. 불교의 본질과 시스템을 안다면 생각이 좀 달라질 것입니다. 불교를 비판하시는 분에게 불교경전 하나라도 읽어 보았느냐고 되물으면 읽은 적이 없다고 합니다. 보고 느끼는 것만으로 비판할 수는 없는 것입니다."

"그러면 시스템을 좀 말씀해주세요." 햇님이 요청하였다.

"우선 불교의 시간 단위는 겁劫입니다. 겁은 수천 년을 기본 단위로 합니다. 이렇게 보면 100년 전의 옷을 입는 것은 제철 옷이지 유행이 지난 옷이 아닙니다."

모두 웃었다.

"그러면 그 시스템이란 것은 어떤 것입니까?"

햇님이 다시 물었고 오달님이 말하였다.

"불교는 다른 종교와 아주 다릅니다. 아주 독특합니다. 그래서 적지 않은 사람들이 종교가 아니고 철학이라고 합니다. 철학은 학문이며 세상의 이치를 다루는 것입니다."

별님이 묻는다.

“조금 구체적으로 이야기해 주십시오.”

“불교는 특히 과학자들의 관심을 끌 수 있는 개방적 시스템을 갖고 있습니다. 창조와 진화를 모두 수용합니다. 창조주가 신God이 아니고 본심입니다. ‘마음이 모든 것을 만든다’라는 ‘일체유심조一切唯心造’가 불교의 핵심이라고 하지 않습니까. 이 본심을 불성, 법신法身이라고 합니다. 비로자나 부처님이 법신 부처님입니다. 중생들이 만나볼 수 있도록 인간의 몸을 갖추고 나타난 부처가 화신불化身佛인데 석가모니 부처님이 바로 그런 부처님입니다. 화신불은 인간의 수명이 유한하기 때문에 오셨다 가시는 부처님입니다. 그래서 화신불은 한둘이 아닙니다. 중생들도 부처의 마음인 불심(본심)을 갖고 있으니 깨달아 부처가 될 수도 있습니다. 이렇게 열심히 수행하여 부처가 된 부처가 보신불報身佛입니다. 그 대표적인 분이 아미타불입니다. 이들 여러 부처님들의 이상과 목적이 조금씩 달라 다양성, 선택, 비판이 보장된 구조를 갖고 있습니다.

그리고 중생의 고통과 소원의 다양성을 고려하여 전문 영역별로 담당 책임자를 두었습니다. 보살님들이 바로 그런 분입니다. 관자재보살은 중생의 고통 구원 담당, 문수보살은 지혜 증진 담당, 지장보살은 지옥중생 담당 등 아주 다양합니다.”

“거대한 정부조직 같은데요. 국가도 다스리는 법이 있는데 불교에도 헌법과 법령 같은 것이 있겠네요?”

햇님이 말하자 오달님이 이렇게 말하였다.

“불성(본심)이 헌법이고 경전이 법이고 불교신자가 지켜야 할

규율이 계율戒律입니다. 그리고 법과 계율을 가르쳐 주는 선생님이 스님입니다. 절道場은 공부하는 학교입니다. 그리고 의무 교육제가 아니고 지원 교육제입니다. 집집을 찾아다니며 학교오라고 강요하지 않습니다. 공부하고 싶다는 학생은 공부를 잘하건 못하건 묻지 않고 받습니다. 진짜로 공부를 좋아하는 학생은 조용한 학습 분위기를 좋아합니다. 산사의 조용한 분위기 같은 곳 말입니다."

햇님이 다시 말하였다.

"절에서는 신도들이 스님한데 큰절을 올리는데 옛날 서당에서나 볼 수 있었던 것 아닙니까? 좀 고자세 아닌가 싶은데요. 그것도 새파란 젊은 스님이 할아버지 할머니뻘 되는 어르신한테도 절을 받더군요. 너무한 것 아닙니까?"

오달님이 이렇게 말하였다.

"절을 도량, 학교라고 하지 않았습니까? 스승과 학생 사이로 이해하면 됩니다. 「반야심경」에서는 일거수일투족을 '색수상행식'의 과정을 통해서 받아들이고 판단은 유식론에 말하는 6식, 7

식, 8식으로 된 의식계의 엄격한 위계질서 속에서 이루어집니다. 지난번에 음식 맛을 말하면서 유식론을 말씀드린 적이 있습니다."

오달님은 계속하였다.

"불교신도들은 의식계의 위계질서를 잘 알기 때문에 승가(스님의 가문)를 아주 높은 존수로 생각하여 절을 올리는 것입니다. 겁劫으로 세월을 따지는 세계여서 20-50년 정도의 나이 차이는 동년배입니다."

생사윤회

달님이 의문이 있다면서 말하였다.

"오달님, 생사가 둘이 아니라면 불교에서 말하는 윤회는 어떻게 있을 수 있는 것입니까?"

"중생심으로 살면 분명히 윤회합니다. 그러나 본심의 세계에는 윤회가 없습니다." 오달님이 말하였고 계속 말이 오갔다.

"그러면 윤회설이 불교에서는 아주 중요한데 윤회설을 부정하는 것입니까?"

"윤회는 불교가 생기기 이전부터 있었던 것입니다. 부처님은 이 윤회사상을 인정하고 중생들이 윤회의 고통에서 벗어날 수 있는 길을 보여주신 것입니다. 그 길이 바로 실상을 깨닫는 것이고 해탈하는 것입니다."

이번에는 별님과 오달님과의 대화가 이어졌다.

"그러면 윤회와 생물학에서 말하는 생활환life cycle과 비슷한 것이라고 보면 되겠네요?"

"아니지요. 생활환은 같은 종種, species끼리, 즉 사람이 사람으로, 나비는 나비로 태어나는 것입니다. 그런데 윤회는 사람이 짐승이나 곤충 등으로 태어난다는 것이니 보통 문제가 아니지요. 중생들은 생전의 업業에 따라 지옥, 아귀, 축생, 아수라, 사람, 천인 등 여섯 세계로 태어나고 죽기를 반복한다고 하여 육도윤회六道輪廻한다고 합니다."

"그런데 육도윤회는 너무 과장된 것 아닌가요? 다른 종 간에는 번식이 안 된다는 것이 생물학의 원칙인데요."

"생물학이 발달하여 다른 종 간에도 번식이 가능한 경우가 존재한다는 것이 밝혀졌습니다. 요즘 유전공학 기술은 동물의 유전자가 식물체 속으로 들어가기도 하고 한 동물의 유전자가 다른 동물에 나타나게도 할 수 있게 되었으니 다른 종 간 윤회가 가능하다는 것을 보여주고 있는 것입니다. 이런 기술을 유전자 조작이라고 하며 식탁에 오르는 두부 간장 식용유 등의 상당량이 유전자 조작 콩을 사용하여 만듭니다. 유전자 조작 식품을 권장하는 것은 아니지만 그 기술만 보면 과학자들의 지혜로 만든 놀라운 기술입니다. '반야바라밀'의 행을 통해서 본심의 세계로 진입하면 육도윤회의 고통에서 해방될 수도 있다는 것을 보여주는 좋은 예라고 볼 수 있습니다."

별님의 질문은 계속되었다.

"모든 생명체는 생사를 면할 수 없는 것인데 어떻게 본심의 세계는 생사가 없게 되는지 설명이 가능할까요?"

"생사가 뚜렷이 있는 세계는 현상계입니다. 그리고 현상계는 변화가 있습니다. 그런데 이 변화의 뒤에는 무엇이 있는가 따져봅시다. 예를 들어 보겠습니다. 아침에는 해가 뜨고 저녁에는 해가 집니다. 이로 인해서 밝음과 어둠이라는 현상이 생깁니다. 기온이 오르고 내립니다. 바닷물이 증발되어 구름이 생기고 비가 내립니다. 그런데 이런 현상계 뒤에 있는 태양을 봅시다. 태양은 뜨고 지는 것이 아니고 늘 자기 자리를 지키고 있을 뿐입니다.

뭇 생명체가 태양에너지를 받아 생명이 유지되는 것이니 태양에너지에 견줄 만한 힘을 가진 존재는 지구상에는 없습니다. 비유하자면 본심과 중생심의 힘의 관계가 바로 이런 것입니다. 굳이 본심과 중생 세계를 에너지라는 현상으로 비교한다면 이렇습니다."

오달님은 백지에 X-Y 그래프를 그리며 육도를 넘나드는 생장곡선을 표시하면서 설명하였다.

"우리들이 사는 정신적 에너지 레벨에서는 분명히 나고 죽는 것이 있지만 이는 어디까지나 중생계에서의 현상일 뿐이지 높은 에너지 레벨의 본심의 세계인 '니르바나'에서는 나고 죽음이 없는 것입니다. 즉 해탈하여 윤회의 고통에서 벗어납니다."

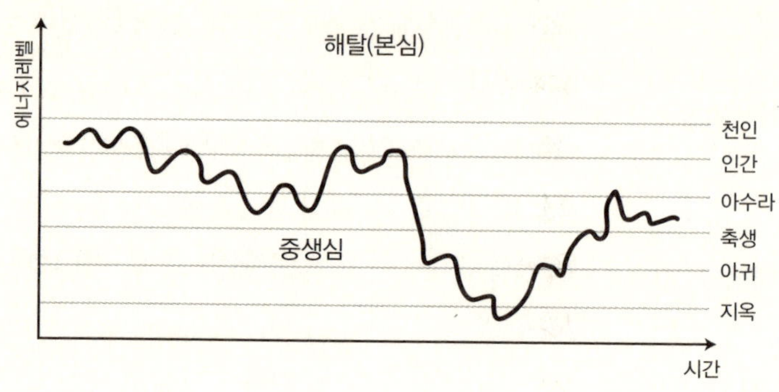

인연과 화학반응

별님이 말하였다.

"오달님의 말씀을 들으면서 저는 불교와 과학의 유사점이 아주 많다는 생각을 하였습니다. 불교에서 인연因緣이란 말을 많이 쓰는데 화학에서 말하는 반응이란 말과 같은 것인가요?"

그러자 오달님이 이렇게 말하였다.

"화학반응에서는 A물질과 B물질을 섞을 때 C라는 새로운 물질이 생기면 반응이 일어난다고 합니다. 여기서 A와 B를 반응물질, C를 반응 생성물이라고 합니다. 그리고 이렇게 반응이 일어날 수 있는 환경을 반응조건이라고 합니다. 반응조건으로는 온도, 압력 등이 있습니다."

A + B → C

"다른 점이 있다면 어떤 것입니까?" 별님이 묻자 오달이 이렇게 말하였다.

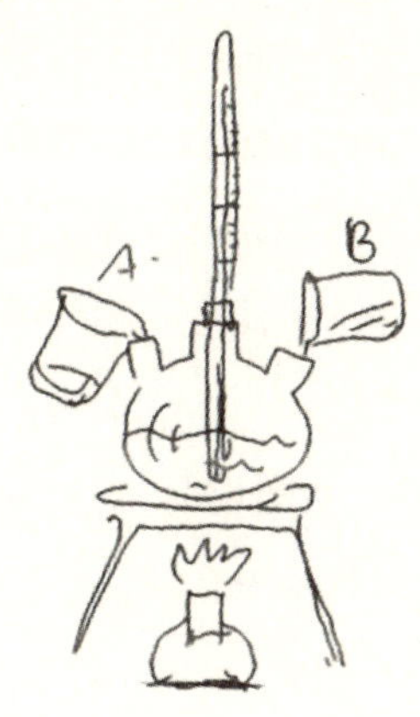

"인연이란 반응보다 훨씬 광범위합니다. 왜냐하면 화학반응은 물질과 물질 간의 반응만을 다룹니다. 그러나 인연은 물질과 물질뿐 아니라 물질과 마음, 마음과 마음, 내 마음과 타인의 마음과의 반응을 다룬다는 점에서 차이가 많습니다. 공간과 시간적인 면에서도 제한이 없습니다. 화학반응은 한 개 이상의 물질이 접촉할 수 있어야 한다는 공간적 제약이 있지만 인연은 공간적으로 떨어져 있어도 반응합니다. 시간적으로도 그렇습니다. 화학반응은 두 물질이 접촉하는 시간이 같은데 반하여 인연의 작용은 같아도 일어나고 틀려도 일어납니다. 어떤 경우는 당장 나타나는가 하면 어떤 경우는 오랜 시간이 지나서, 심지어 다음 생에 나타나기도 합니다. 앞에서 말한 윤회가 바로 전생 인연의 결과입니다."

"다음 생에 나타난다는 것은 현실과는 너무 거리가 먼 것 같습니다.” 별님이 의문을 표하자 오달님이 답하였다.

“잘 아시겠지만 농사는 종자개량이 아주 중요합니다. 종자개량은 여러 종자들끼리 교배시켜 몇 세대를 지나야 결과가 나타납니다. 사과, 배, 딸기, 옥수수, 쌀 들 모두 이렇게 만든 것이며 매일매일 우리들의 식탁에 오릅니다. 이것이 식생활의 현실입니다.

인연의 작용은 상상을 초월하는 마력을 보입니다. 소쩍새 우는 소리가 마음을 흔들어 놓기도 하고 산사의 목탁소리가 마음에 닿으면 잡념을 비워주기도 합니다.”

본심과 마음

“오달님, 「반야심경」의 주어가 본심이라고 말씀하셨는데 ‘본심’과 ‘마음’이 어떻게 다릅니까? 좀 구체적으로 말씀을 해주세요.” 달님이 물었다.

“지난번에도 본심에 대해서 말씀드렸던 것 같은데 다시 말씀드리겠습니다. 마음은 여러 가지로 불리고 있지요, 생각, 감정, 기분, 느낌 등 모두 마음이 만들어낸 것 아닙니까! 이 마음들은 어떤 것은 외부로 작용하기도 하고 어떤 것은 외부의 자극에 영향을 받기도 합니다. 새로 만들어내기도 하고 모양을 수시로 바꾸기도 합니다.

부처님은 이런 마음이 만들어낸 번뇌가 84000가지에 이른다고 했습니다. 무수히 많다는 말입니다. 마음의 성질도 가지각색입니다. 꽁꽁 얼어붙기도 하고 눈 녹듯이 녹기도 합니다. 모든 사람을 얼싸안기도 하고 아무도 접근하지 못하게 빗장을 걸어 잠그기도 합니다. 똘똘 뭉치기도 하고 천 갈래 만 갈래로 찢어지기도 하며 실타래처럼 엉키기도 합니다. 바람에 날리는 갈대같이 흔들리다가도 거센 폭풍에도 끄떡하지 않는 바위 같기도 합니다.

우리가 바르게 살려면 변화무쌍해서 어디로 튈지 모르는 마음을 다스릴 줄 알아야 합니다. 그러기 위해서는 마음의 근본이 무엇이고 왜 변화가 일어나는지 그 시작점을 찾아야 합니다.

야구경기에서 타자가 투수의 공을 치려면 투수의 손에서 공이 떠나기 전에 어떤 공을 던져질 것인지를 아는 것이 중요합니다. 마음이 꿈틀대기 이전의 마음이 본심입니다. 모든 마음에는 근본이 있는데 이 근본 마음을 '본심'이라고 합니다. 모든 마음의 본바탕, 출생처, 고향입니다. 투수의 공은 투수의 손에서 결정되듯 본심은 모든 마음의 기준점이며 삶의 기준좌표입니다. 그런데 좌표라는 것은 절대불변의 원점(0)이 있어야 합니다. 흔들리는 것을 기준으로 삼을 수는 없기 때문입니다."

"오달님, 좌표라고 하시는데 좀 쉬운 말로 설명해 주시면 좋겠습니다." 조용히 듣고 있던 햇님이 말하였다.

"그러지요. 우리나라는 옛날에는 농경국가였지만 지금은 세계를 무대로 무역을 하면서 살고 있습니다. 그렇기 때문에 세계와 통할 수 있는 시간과 언어를 사용해야 합니다. 시간을 보기로 합시다.

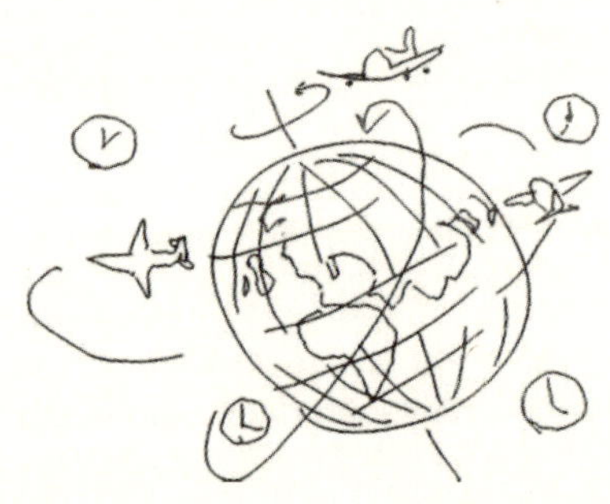

지구는 둥글고 시계 반대방향으로 돌기 때문에 해가 뜨고 지는 시간이 다릅니다. 이 문제를 해결하기 위하여 지구의 표면에 북극과 남극을 잇는 선 24개를 그리고 경도선이라고 했습니다. 영국 그리니치 천문대를 지나는 경도선을 0도로 정했고 지구의 표준시간을 GMT로 하기로 한 것입니다. 이 GMT시간은 영국 사람에게는 편하지만 한국 사람에게는 아주 불편합니다. 동쪽으로 한 칸씩 갈 때마다 1시간을 더해야 하고 서쪽으로 가면 1시간을 빼야 합니다. 한국은 영국보다 9시간 앞서 갑니다. 영국 사람은 9시에 출근해서 12시에 점심을 먹는데 한국 사람은 0시에 출근해서 9시에 점심 먹게 되니 말이 안 되지요. 그래서 결국 각 나라마다 다른 표준시간을 사용하게 되었습니다. 세계와 무역을 하면서 살아가야 하니 불편해도 GMT시간에 맞추어 행동할 수 밖에 없습니다.

시간만 그런 것이 아니라 지리적 위치 기준도 그렇습니다. 서울을 기점으로 하는 우리나라 지도는 국내용이지 세계무대에서는 통하지 않습니다. 구굴어스google earth 같은 둥근 지도를 쓰게 되는데 이것은 지구의 중심점을 기점으로 만든 지도입니다. 지금은 로켓으로 우주 속을 여행하는 시대입니다. 지구를 벗어나 금성이나 화성을 지날 때는 태양의 중심점을 기준으로 삼아야 합니다. 태양계를 벗어나 은하계로 여행한다고 하면 또 바뀌어야 합니다. 우주시대가 본격적으로 진행되면 우리들이 사용하는 주소는 이렇게 바뀔 것입니다.

"A 갤럭시, B 태양계, C 별(지구), 한국, 경기도, 수원시……."

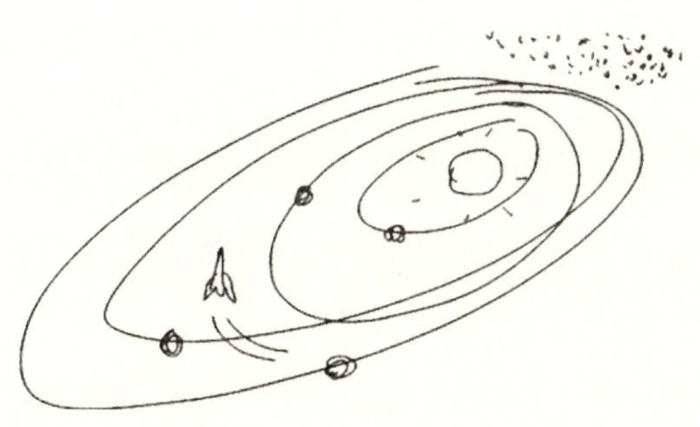

처럼 말입니다. 흥미로운 사실은 불교에서는 이와 같은 형식의 주소를 이미 사용해오고 있다는 것입니다."

이 말에 별님이 의아한 표정을 지으면서 말하였다.

"아니 그게 무슨 말씀입니까?"

그러자 오달님이 불교의 주소 표기법을 소개하였다.

"A 사바세계, B 사왕천, C 남섬부주, 한국, 경기도, 수원시…….

여기서 사바세계는 갤럭시, 사왕천은 태양계, 남섬부주는 지구와 같은 개념을 갖고 있습니다. 즉 부처님은 우주와 우주인들을 상대로 하는 본심의 세계를 보여주고 있는 것입니다. 「화엄경」이라는 경전을 보면 지구가 아닌 곳에서 부처님이 설법한 기록이 있는데 도리천, 도솔천, 야마천, 타화자재천 등 입니다.

또 한 가지 특이한 것은 지리적인 주소뿐 아니라 거주자의 정신 수준으로도 분류해 놓았다는 것입니다. 예를 들면 사바세계는 욕심으로 가득한 존재들이 사는 세계라고 해서 욕계欲界라고 합니다. 우리가 사는 이 지구가 욕계입니다."

오달님은 불교의 우주관을 설명하고는 다시 기준좌표의 문제로 돌아왔다.

"갤럭시만 해도 수천 억 개인데 어느 곳에 기준 점을 잡겠습니까? 결국에는 시간과 공간의 영향을 받지 않는 기준점을 찾아내야 합니다."

별님이 미심쩍은 것이 있는지 다시 오달님에게 물었고 두 사람 사이의 대담은 계속되었다.

"오달님, 그래도 로켓으로 달, 화성, 금성에도 갔다는 것은 미리 정한 궤도를 따라 비행하는 것이고 그 궤도는 정해진 기준점을 쓰고 있다는 것 아닌가요?"

"물론 장소와 시간의 기준을 정하고 출발은 하지요. 그러나 항해 속도가 바뀌고 기준점에서 멀어질수록 오차가 계속 발생하지요."

"그러면 그 오차는 어떻게 하지요?"

"인간이 오차를 수정합니다."

"그러면 무인항법이란 것도 엄밀하게 말하면 틀린 말이네요."

"그렇지요. 인간의 개입이 불가피한 것입니다. '마음'의 운영기술을 사용하고 있는 것입니다."

"그렇다면 오달님, 기준점은 마음의 기준점과 통하는 바가 있다는 말씀이군요?"

오달님은 손뼉을 치면서 말했다.

"옳게 말씀하셨습니다."하고는 말을 계속하였다.

"부처님은 인간의 마음이 갠지스 강의 모래알의 수만큼이나 많다고 하였습니다. 그렇다면 어느 마음을 기준으로 할 것이냐? 그것이 바로 '본심'입니다. 우주를 항해하려면 많은 별들의 좌표를 참조하면서도 지구상에 있는 관리자의 '본심'을 기본좌표로 사용하지 않을 수 없다는 것입니다. 그 본심은 밖에 있지 않고 관리자 자신 속에 있는 청정한 자심自心입니다."

다시 별님이 물었다.

"각자의 본심이라고 하면 지구상에 60억 인구가 있으니 기준

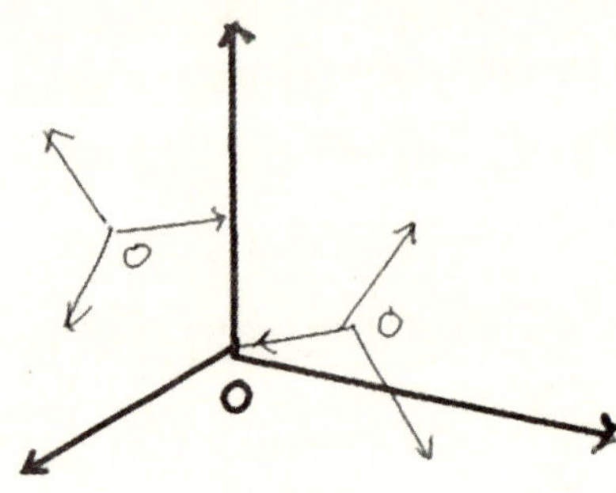

점이 60억 개라는 말 아닙니까?"

"아니지요. 본심은 하나로 통합니다. 통하는 마음이 청정한 자심自心이고 그것이 불심佛心입니다. 모든 생명체들이 공유하는 마음입니다."

"사람의 마음도 세월 따라 바뀌는데, 그러면 '본심'도 바뀌지 않을까요?"

"바뀌면 본심이라고 할 수 없지요. 천년만년이 지나도 심지어 몇 겁劫이 지나도 바뀌지 않습니다. 언제 어디서나 생명체라면 모두 함께 공유하는 마음이 '본심'이니까요. 절에서 기도하는 소리를 잘 들어 보세요. '자타일시성불도'란 말을 들을 수 있을 것입니다. '나自와 남他이 이 순간一時에 같이 성불成佛하자'는 말입니다. 이렇게 시간과 공간을 초월한 마음이 '본심'입니다. 그래서 본심을 아는 것을 '겁외劫外 소식'을 들었다고 합니다. 겁외란 말은 시간과 공간을 초월한 것을 뜻합니다. 본심을 찾았다는 말입니다."

"아하! 이제야 '겁외 소식'이 무슨 말인지 알겠습니다. 큰스님들이 겁외 소식 이야기를 자주 하시던데 그게 그 소리군요. 감사합니다." 달님은 고맙다는 예를 표시했다.

본심 자심 불심

이번에는 햇님이 질문을 하였다.

"오달님, 복잡한 우주 말고 뭔가 우리 주변의 예가 없을까요?"

"네, 많지요."라고 오달님은 말하고는 햇님에게 되물었다.

"물이 몇 도에서 어는지 아십니까?"

"아이, 오달님도. 그 정도는 저도 압니다. 0도에서 업니다."

"그러면 미국에서는 몇 도에서 업니까?" 오달님이 또 물었다.

"아니 미국 사람들은 화씨 몇 도라고 하더라? 32도라고 하던데요. 같은 온도를 쓰면 좋으련만 섭씨와 화씨온도를 섞어 쓰니 헷갈립니다."

오달님이 이번에는 달님을 보면서 이렇게 물었다.

"공기는 몇 도에서 업니까?"

"공기야 얼지 않지요. 가스인데 안 얼지요."라고 하자 오달님은 이렇게 말했다.

"공기도 업니다. 산소, 탄산가스, 질소가스도 모두 업니다. 예를 들면 질소가스는 −210℃가 되면 업니다. 옛날 같으면 상상할 수도 없는 낮은 온도입니다. 옛날에는 섭씨 온도계만으로도 충분했지만 지금은 수많은 물질과 별들을 탐색하는 세상에 살고 있습니다. 어떤 별은 영하 수백 도의 얼어붙은 가스로 된 것도 있으니 그런 온도계가 필요하고 그 온도계는 Kelvin(K)이라는 통일된 온도를 사용합니다."

모두들 이해가 되는 표정이었다. 오달님은 계속하였다.

"이런 경우처럼 본심은 모든 마음의 기준이 되는 절대마음이라고 할 수 있습니다."

"오달님, 본심은 텅 비어 아무것도 없다고 하셨고 없는 것이 변하지 않는다는 말씀은 좀 이해가 안 됩니다."라며 별님이 추가적인 설명을 바라고 있었다.

"없다는 것은 순수하다는 말과도 통합니다. 증류수는 순수한 물입니다. 예를 들자면 순수한 물은 H_2O뿐이고 다른 원소로 오염되어 있지 않은 물을 말합니다. 본심은 무구無垢 청정심이라고 부릅니다. 무구는 때 묻지 않았다는 말입니다. 청정淸淨은 깨끗하다는 말입니다. 없을 무無나 빌 공空 자를 쓰는 것은 때가 없는 또는 잡된 마음이 없는 본심을 말하고 있습니다. 마음속에 있는 욕심을 비우라는 말이지요. 그래서 본심은 있되 잡된 마음이 없는 마음의 상태를 묘공妙空이라고도 합니다. 부처님처럼 깨달은 자의 마음을 부처의 마음이란 뜻으로 불심佛心, 자성自性, 본성本性이라고 다르게 부르기도 합니다."

"그런데 왜 오달님은 줄곧 '본심'이라고 하시는지요? 뭐 특별한 이유가 있나요?"

"겸우 선사나 큰스님들이 그렇게 부르시기에 나도 그렇게 부르는 것뿐입니다. 그런데 내 나름대로 생각해봐도 아주 바른 표현인 것 같습니다. 왜냐하면 '불성' 또는 '불심'이라고 하면 부처님과 같은 특별한 분만이 갖는 마음이라고 생각할 수 있습니다. 그리고 자성이라 하면 각자 자기만이 갖는 마음 같은 느낌을 가질 수 있습니다. 불성은 모든 중생에게 있다는 부처님의 말씀과 거리감이 있는 것 같습니다. 게다가 불성과 자성自性의 성性 자는 성품이라는 뜻 때문에 마음이 만든 것이라는 느낌이 듭니다. 그런데 본심이라고 하면 마음의 원천 또는 태어난 곳을 본적本籍이라고 하듯이 각종 마음의 원점 또는 시발점이란 뜻이 있습니다. 그리고 일반인들도 많이 쓰고 있는 아주 익숙한 표현이라 적절한 말이라고 생각합니다."

달님이 계속 말하였다.

"마음을 글자의 뜻으로 가늠하기가 힘들다고 봅니다."

오달님은 이에 대하여 이렇게 답하였다.

"힘들 수밖에 없는 것이 본심을 체험하지 않고는 알 수 없기

때문입니다. 내가 외국인들에게 김치 맛이 어떻다고 설명할 수 있지만 먹어 보게 하는 것이 최상입니다."

현실 속에서의 본심

별님이 오달님에게 말하였다.

"본심이란 것은 개인의 마음의 문제인데 많은 사람들이 같이 섞여 살고 사생활을 중시하는 이런 현실 속에서 본심을 찾는다 해도 본심으로 살아갈 수 있는 세상이 아니지 않습니까?"

"별님은 어째서 아니라고 하십니까?"

별님이 다시 말하였다.

"오달님이 예를 들어 말씀하신 CCTV 같은 것도 사생활 보호 측면에서 보면 많은 문제가 있는 것 아닙니까? 다른 사람을 감시한다는 것은 결코 좋은 현상이라고 볼 수 없는 것인데요."

달님도 같은 생각이란 표정을 지으면서 오달님을 바라보았고 오달님은 이에 대해서 설명하였다.

"지난번에 CCTV를 예로 든 적이 있지요, 그 용도야 사용 목적에 따라 다르겠지만, 우리 사회가 국민들의 안전을 위해서는 그 정도는 허용할 수 있다는 공통된 마음이 있는 것이지요. 이 공통의 마음이 바로 '본심'이라는 것입니다. 왜냐하면 '본심'은 통하는 마음이기 때문입니다.

원래 사람들은 본심으로 살기를 바라고 있습니다. 그 본심을 활용하는 것이 바람직한 정부이며 사회적 '반야바라밀다행'입니다. 정부는 여러 부서로 구성되어 있고 각기 주어진 기능은 다르지만 공통된 목표가 있지요, 그 목표는 국민의 행복입니다. 그렇기 때문에 안전행정부, 정보통신부, 국토개발부, 법무부 등이 전문가들의 지혜를 모아 전국적인 CCTV 망을 완성할 수 있는 것입니다. 이것이 '한국사회의 현실적 반야바라밀다'입니다. 이 CCTV 망을 교통사고 예방, 산불 방지, 기상예보, 낙도의 원격 진료, 지진과 해일 감시에 사용하면 '반야바라밀다행'입니다."

"오달님, 그런데 그것을 도박 같은 나쁜 일에 이용하는 것은 어떻게 설명하시겠습니까?" 별님이 다시 물었고 오달님이 말하였다.

"사람이 어리석어 본심에서 벗어나 탐욕의 마음이 발동한 것입니다. 그런 예가 아주 많습니다. 아시다시피 인간들이 얼마나 좋은 것들을 발명했습니까! 전기, 전화, 자동차, 다리, 배, 비행기, 컴퓨터, 인터넷 등은 인간의 지혜가 완성한 명품들입니다. 세계적 '반야바라밀다'가 만들어낸 것들입니다. 이런 명품들에 감사하고 원래 만든 의도대로 쓰면 '인류적 반야바라밀다행'입니다. 신용카드 한장으로 뭐든지 살 수 있고 버스, 기차, 비행기도 탈 수 있는 세상에 살면서 스트레스 받는다고 하면 우리들의 고조할아버지, 할머니께서 뭐라고 하시겠습니까?"

"야! 이 녀석들아, 너희들이 사는 곳이 극락인데 또 어딜 가겠다는 것이냐! 호통 치시겠지요." 가만히 듣고 있던 햇님이 이렇게 말하였다.

우리들은 모두 웃었다. 그리고 오달님의 말은 계속되었다.

"만일 인터넷망이 과거 현재 미래의 모든 중생의 행복을 위해 사용된다면 엄청난 지혜의 완성, '마하반야바라밀다행'입니다. 부처님은 착한 일을 많이 하라고 했습니다衆善奉行. 중선봉행하고 자정기의自淨其意, 스스로 그 마음을 깨끗이 하기하여 본심으로 돌아가는 것이 곧 불교라고 했습니다."

스텔스 기능

별님이 오달님에게 물었다.

"지난번에 유식론을 말씀하실 때 음식 맛을 느끼는 경우와 쌀에서 돌을 골라내는 예를 들면서 인식이 안 되면 없는 것이라고 하셨는데 그렇다고 없는 것은 아니지 않습니까?"

오달님은 이렇게 말하였다.

"그렇습니다. 눈에 보이는 물체를 예로 든 것입니다. 마음의 세계는 물질의 세계에서 할 수 없는 것을 할 수가 있습니다. 인식을 할 수 있는 것을 안 할 수도 있습니다. 매사를 어떻게 인식하느냐에 따라 춤추는 것이 인간의 감정입니다. 그런데 이 감정이 탐욕심을 일으키는 등 많은 것을 그르치게 만듭니다.

모든 생물들은 자신을 잡아먹는 포식자의 눈에 띄지 않으려고 보호색 같은 은폐기술을 갖고 있습니다. 요샛말로 하면 레이더 감시망에 걸려들지 않는 스텔스 기능을 갖고 있지요. 아군에게는 '있고' 적군에게는 '없는 것'으로 인식하게 합니다. 아군은 '본심'이고 적군은 '감각기관'이라고 할 수 있습니다. 그래서 본심을 찾는 수행자들에게는 눈, 귀, 코, 혀, 피부로 된 오감을 '오적五賊, 다섯 도둑' 이라고도 합니다. 왜 다섯 도둑인가 하면 오감이 인식하는 감정에만 매달리게 하여 '본심'을 찾아가는 마음을 빼앗기 때문입니다."

듣는 놈을 봐라

이번에는 달님이 또 다른 인식의 문제를 제기하였다.

"오달님, 눈에 보이는 것은 스텔스 기능으로 인식을 피해 간다고 해도 소리 같은 것은 어쩔 수가 없는 것 아닙니까? 귀를 막든지 방음벽을 설치하든지 해야 하지요. 그렇기 때문에 「반야심경」의 '색色즉시공空'은 이해가 되지만 소리가 없다는 '성聲즉시공空'은 이해가 안 되는데요."

오달님은 이 말을 받아 다음과 같이 말하였다.

"우리는 많은 소리聲를 듣습니다. 그중에는 나에게 기분 좋은 소리도 있고 나를 화나게 만드는 소리도 있습니다."

그 순간 굉음을 내는 전투기 몇 대가 연이어 지나가는 바람에 연구실의 대화가 잠시 중단되었다. 인근의 공군 비행장에서 막 이륙한 전투기의 굉음이다.

오달님은 늘 이런 데서 지내왔지만 세 분에게는 너무 심한 소

리인가 보다. 커피 한모금을 마시고 소리가 사라지자 대화를 계속하였다.

"조금 전에 바로 위로 날아갔던 비행기 소리같이 시끄러운 소리도 있습니다. 소리는 같은 소리이지만 입장이 다르면 느낌도 달라집니다. 우리나라의 영공을 지키기 위한 것이니 주민들은 당연한 것으로 알고 살아왔습니다. 그런데 어떤 변호사가 국가로부터 소음피해 보상금을 받아야 한다고 주장하고 나섰습니다. 소리에 무관심했던 주민들도 소리가 더 크게 들렸고 보상금을 받아 생각지도 않던 돈이 생겼습니다. 주민들이 둘로 갈라져 옳거니 그르거니 시비가 붙게 되었습니다. 같은 소리를 갖고 어떤 사람은 고통을 참고 어떤 사람은 돈을 법니다. 보상금을 받았다고 해도 소리가 사라진 것은 아닙니다. 문제의 소리가 본래는 없었습니다. 한국전쟁 때 생긴 것이고 전쟁은 김일성이가 일으켰습니다. 남침한 이유는 해방이 되면서 남북으로 분단되었기 때문입니다. 원인을 찾아도 해결할 수 없는 역사적 문제입니다." 오달님은 계속하였다.

"부처님 말씀은 이런 문제를 밖에서 찾는 것보다 내 마음 속에서 찾는 것이 현명하다는 것입니다. 하나의 방법은 관심을 두지 않는 것입니다. 관심을 두지 않는 것은 더 재미있는 일에 몰두하는 것입니다. 관심이란 마음을 보라는 말입니다. 그러면 그 관심자가 누구냐 하면 '듣는 놈'입니다. 그런데 그 '듣는 놈'이 바로 '본심'이란 것을 아시지 않습니까! 그 '본심'에는 본래 소리란 것 자체가 없습니다. 없으니 성聲즉시공空입니다!"

"알겠습니다." 달님은 미소를 지어 알았다는 뜻을 표시했다.

그런데 별님은 아직도 잘 이해가 안 되는지 오달님에게 물었다.

"오달님, 그래도 분명히 있는 소리를 없다고 하는 것은, 음파가 분명히 고막을 두드리는데도 없다고 하는 것과 같지 않습니까? 과학적으로 이치에 맞지 않는 것 같은데요?"

오달님은 설명을 계속하였다.

"지난번 의식세계를 말씀드리면서 의식세계에도 위계질서가 있어서 A, B, C, D의 급이 있다고 하지 않았습니까? 요즘 무슨 사건이 터지면 장관이나 대통령이 책임지라고 하지 않습니까? 책임의 한계가 무엇인지 아십니까?" 한번 말씀해 보세요."

"……."

한참이 지나도 대답을 안하더니 달님이 입을 열었다.

"나 보고 받은 적 없다." 그러자 모두 박수를 쳤다.

"맞다, 맞다. 바로 그거야." 모두 한바탕 웃었다.

"A급 의식인 '본심'에 없으면 없는 것입니다. '성聲즉시공空'이지요." 별님이 이해가 되었는지 머리를 끄덕였다.

"향香즉시공도 같은 이치네요. 그래서 '역부여시亦復如是, 역시 그렇다'라고 하셨군요."

비교의 코멘트

별님이 오달님에게 물었다.

"오달님께서 스트레스는 비교에서 온다면서 부증불감不增不減을 설명해 주셨습니다. 그런데 스트레스는 주로 이익이나 손해 같은 금전적 갈등에서 오는 것 아닙니까?"

이 물음에 오달님은 설명하였다.

"「반야심경」 속에서 비교로 든 것이 '색즉시공色卽是空', '불생불멸不生不滅', '불구부정不垢不淨', '부증불감不增不減'인데 각각 대표성이 있다고 봅니다. 첫째 색즉시공色卽是空'은 가장 기본적인 생명과 물질의 출현과 존재에 관한 것입니다. 여기서 '불생불멸不生不滅'을 추가한 것은 이미 생겨난 것의 본질을 말하는 것입니다. 둘째로 '불구부정不垢不淨'은 존재의 자질이나 속성에 관한 것입니다. 예를 들면 머리가 좋고 나쁘고, 잘생기고 못나고, 키가 크고 작고, 피부색이 희고 검고, 예쁘고 밉고 등을 포함하고 있습니다. 셋째로 '부증불감不增不減'은 욕망에 관한 비교라고 생각합니다. 부와 가난, 학력, 지위나 권력의 높고 낮음 등 온갖 과시욕이 여기에 속합니다."

"아, 정말 그런 것 같은데요." 모두들 수긍하였다.

"금전적 이득과 손해는 정말로 예민한 문제인데, 어찌 '부증불감'으로 넘어갈 문제냐고 반론을 제기할 수가 있습니다. 나 역시 눈앞의 이익에 약합니다. 그러나 눈앞의 이익이나 손해를 따지는 것은 너무 성급한 것입니다. 만일 결산기간을 늘려서 보면 손해가 별로 없습니다."

"오달님, 결산기간을 늘린다는 것은 또 무슨 말씀입니까?" 다시 별님이 묻는다.

"당장은 손해였는데 훗날 보다 큰 이득으로 되돌아오는 경우가 많습니다. 작복作福, 복 짓기이라는 말을 많이 합니다. 일생 손해를 보고 살았는데 늙어서 똑똑한 손자를 얻었다면 어떻게 되겠습니까? 복을 지었던 보상을 받는 것으로 보면 되지요."

그러자 달님이 한 마디 하였다.

"그래도 당장 고급주택에서 고급차 타고 다니는 것이 좋지 않을까요?"

"그렇게 해도 되는 사람이 그러면 괜찮지만 그렇지 못한 사람이 그러면 문제가 있지요. 과대포장이라는 말 들어 보셨지요. 저 앞의 나무들을 한번 보세요."

오달님은 창밖을 바라보자면서 말을 계속하였다.

"저 나무들은 인간에 비하면 지능이 엄청 낮습니다. 나무들은 탄소동화 작용을 하면서 살아갑니다. 햇빛과 물 탄산가스를 먹으면서 사는데 햇빛은 하늘에 있는 태양에 맡기고 물은 비에 맡기고 탄산가스는 공기에 맡깁니다. 가뭄 끝에 비가 오면 과일껍

질이 터지는데 그 이유는 갑자기 물을 너무 많이 먹었기 때문입니다. 나무들보다 지능이 훨씬 높은 우리들에게 욕심 부리면 어떻게 된다는 것을 가르쳐주고 있음을 알아차려야 합니다."

특허권 코멘트

"오달님, 세상에는 많은 발명품이 있는데 예를 들면 무좀약에도 특허권이 있습니다. 그런데 「반야심경」은 스트레스, 고통, 근심걱정, 액난, 공포, 늙음, 죽음에서 벗어나게 하는 묘약인데…."라고 하면서 햇님은 아깝다고 한다.

그러자 오달님이 말을 계속하였다.

"그렇습니다. 마이크로소프트 회사는 컴퓨터의 운영체계 OS 하나로 엄청난 돈을 벌고 있는데, 진짜 인간의 OS인 본심에는 특허권이 없지요. 그런데 정말로 중요한 것은 특허권을 주장하지 않습니다.

뭇 생명체들에게 없어서는 안 될 햇빛, 공기, 비는 특허를 주장하지 않습니다. 태양이 값을 내라고 하지 않지요. 이것들은 내 것이라고 주장하는 '나'가 없기 때문입니다. 본심이 그런 것입니다."

니르바나의 실체

"오달님, 스트레스와 불안 공포가 없는 이상향을 '니르바나'라고 하셨는데 그런 세상이 실제로 있다고 보십니까? 어떤 종교에서는 하늘나라라고 말하고 있는데 그거야 죽어서 가는 곳이지 살아서 가는 곳은 아니지 않습니까? 니르바나도 그런 곳인가요?" 별님은 궁금한 모양이다.

"불교에서도 비슷한 것으로 극락세계라고 하는 곳이 있습니다. 다른 점은 극락은 죽어서도 갈 수 있고 살아서도 갈 수 있다는 것입니다. 살아서 간다는 말은 깨달은 자가 사는 곳이 바로 극락이기 때문입니다."

"그러면 그 극락세계는 어디에 있습니까?" 별님이 다시 묻는다.

"그곳에는 아미타 부처님이 사시는데 「아미타경」에 보면 서쪽으로 10만 억 국토를 지나서 한 세계가 있으니 '극락정토極樂淨土'라고 했습니다. 이 말을 잘 새겨들으셔야 합니다.

콜럼버스가 서쪽으로 항해하다가 어떤 대륙을 발견하였습니다. 그는 그곳이 인도India인 줄 알고 그곳에 사는 주민들을 인디언Indian, 인도사람이라고 불렀습니다. 나중에 알고 보니 아시아의 인도가 아니라 아메리카 대륙의 한 나라이었습니다."

오달님은 별님에게 되묻는다.

"서쪽으로 계속 가면 어디가 됩니까?"

"자기가 출발했던 곳으로 되돌아오겠지요."

"그렇습니다. 자기를 발견하게 됩니다. 극락세계가 서쪽에 있다기보다 내 속에 있는 '본심자리'가 곧 서방정토 극락세계입니다. 본심을 발견하고 본심에서 살면 극락세계에서 아미타불과

같이 사는 것입니다. 지혜의 완성이 곧 '니르바나'라고 하지 않습니까!"

마음과 몸의 동행

별님이 오달님에게 마음의 세계에 대해 여러 질문을 하였다.

"오달님, 불교에서는 마음을 중시한다는 것을 알 수 있었습니다. 그런데 구체적으로 몸과 마음을 어떻게 보면서 살아가야 한다는 것입니까?"

"별님께서 방에 앉아 계실 때는 마음과 몸이 같이 앉아있습니까?"

"그렇습니다. 몸은 앉아있어도 마음은 돌아다니지만 그래도 다시 돌아오니 같이 있는 것이지요."

"비행기를 타고 가실 때는 어떻습니까?"

"그때도 비행기 내 의자에 같이 앉아있지요."

"비행중인 기내에서는 비행기와 내 몸의 속도가 같아서 마치 움직이지 않는 것처럼 느껴집니다. 별님은 과학을 전공하셨으니 인공위성이 어떻게 한자리에 정지해 있는 것인지 말씀해보시지요."

"사실은 지구도 인공위성도 모두 움직입니다. 그런데 지구의 자전 속도와 같은 속도로 인공위성이 지구 주위를 돌기 때문에 늘 한 곳에 정지한 것처럼 보이는 것입니다."

말없이 듣고만 있던 햇님은, "정지위성도 움직이는 것이네요."

라면서 흥미를 보였다.

오달님은 계속하여 말하였다.

"그렇습니다. 사실 우리들은 중력의 힘으로 지구 표면에 붙어 삽니다. 그런데 지구는 전투기에 버금가는 3km/s의 속도로 태양 주위를 돌고 있고, 태양은 220km/s의 속도로 움직이고 있습니다. 결국 지구는 초속 223km라는 속도로 움직이는데 이 정도면 아름드리 나무를 통째로 뽑아버린 태풍 '매미'의 풍속보다 3000배가 넘는 무서운 속도입니다. 트럭도 날려 보낼 수 있는 힘이니 우리들 몸이 붙어있겠습니까? 이런 속에서도 우리들의 몸과 마음은 유유히 우주를 여행하면서 같이 살고 있는 것입니다. 아침이면 가족들과 식사를 하고 집을 나서서 흩어지고 밤이 되면 다시 모입니다. 우리가 어디서 무엇을 하든지 맥박과 호흡은 유지됩니다. 지구를 한 바퀴 돌고 귀환하는 우주여행 상품이 등장할 것이고 1인당 여행비용이 수백 억 원을 호가한다고 합니다."

달님이 한마디 하였다.

"그렇다면 하루하루 산다는 것이 공짜로 우주여행을 하고 있는 것이라는 말씀이네요. 그것도 일생동안을 하니 저도 분명 갑부네요."

우리는 모두 웃었다. 그리고 오달님은 계속하였다.

"우리가 살아간다는 것은 몸과 마음의 속도가 한순간도 빠지지 않고 늘 동행하고 있다는 것입니다. 어디를 가도 숨을 쉬며 살 수 있는 것은 공기가 그곳에 있기 때문입니다. 모든 것을 수용하고 관리하는 본심의 세계 속에 우리가 사는 것입니다."

별님이 이렇게 말하였다.

"결국 「반야심경」은 이런 본심을 찾아서 여유 있게 살자는 것이라고 보면 되겠네요. 그런데 그 본심을 보기가 쉽지 않으니 문제지요"

이 말에 오달님은 말하였다.

"본심을 보려면 본심과 동행하고 있는 몸을 보면 알 수 있다는 것입니다. 「반야심경」 첫머리에 오온을 잘 살펴보라고照見 五蘊皆空하지 않았습니까!"

"오달님, 그러면 「반야심경」의 '색즉시공'이 그런 뜻인가요?"

"그렇습니다. 현실에서 보는 세계는 본심과 동행하는 존재의 현상입니다. 불교는 수미산을 중심으로 전개되는 우주 속에서 중생들이 살고 있다고 보고 있으며 물질로 이루어진 이 우주와 동일시하고 있습니다. 두 우주의 동행으로 인하여 모든 별들과 존재들이 자기의 궤도와 갈 길을 가는 것입니다. 우리들이 살고 있는 이 우주를 수미산에 피어난 한 송이 꽃으로 보는 것입니다."

말없이 듣고만 있던 달님도 오달님에게 물었다.

"불교에서는 수미산을 중심으로 세계가 이루어졌다고 하는데 그러면 수미산이 실존하고 있다는 것입니까?"

"달님이 '수미산이 실제로 있느냐?'고 저에게 물으시는데 그러면 '달님'이란 이름이 실존하는 것이 아니라는 말씀인가요? 그리고 달님의 정신세계도 없다는 말씀입니까?"

"알겠습니다. 아! 알겠습니다. 동행의 여정과 그 출발점이 어디인지 알겠습니다."

달님의 답변을 끝으로 대담 코멘트를 마무리하였다.

가볍게 궁금증을 풀어보자고 시작한 대담 코멘트가 길어졌고 밖에는 이미 어둠이 내려앉아 있었다. 숲 속에 드문드문 세워진 가로등이 어둠을 밝히고 있었다.

스트레스는 찾아도 보이지 않았다.

이렇게 속칭 스트레스 백신 대담은 막을 내렸다.

여기에는 대담 식으로 각색한 「각색 반야심경」
전문을 편집해 놓았습니다.
이것을 먼저 읽고 「반야심경」을 다시 읽어 보시기 바랍니다.

각색 반야심경

부처님, 우리들은 몸을 갖고 태어나 '생 · 로 · 병 · 사'의 고통 속에서 살고 있습니다. 더위와 추위, 홍수, 가뭄, 지진과 같은 자연재해에다 전염병, 도둑, 사기, 강도, 전쟁 등과 같은 액난을 겪으면서 늘 두려움과 공포 속에서 삽니다. 그뿐 아니라 개인적으로는 욕심, 분노, 어리석은 생각을 하면서 한시도 편치가 않습니다. 어떻게 하면 몸과 마음 모두 고통과 액난에서 벗어나서 행복하게 살 수 있습니까?

사리자여, 관자재보살이 어떤 분이라는 것을 알고 있지 않느냐?

예, 부처님. 관자재보살님은 중생들이 고통에 신음하는 소리를 빠짐없이 듣고는 달려가 고통을 없애주시는 자비의 보살님이십니다. 그래서 대자대비 관세음보살이라고도 합니다.

사리자여, 관자재보살이 반야바라밀다를 행할 때는 몸과 마음이 텅 빈 무아 속에 머물게 되어 온갖 고액에서 벗어날 수가 있었다.

사리자여, 너는 지금 관세음보살은 중생의 고통소리를 빠짐없이 듣는다고 했느냐?

네, 그렇게 말씀드렸습니다.

사리자여, 너는 저 산 넘어 닭 우는 소리도 못 듣는데 어찌 온 세상의 중생의 소리를 듣는다고 할 수 있느냐?

부처님, 본심으로 사시는 분은 충분히 보고 들을 수가 있나이다.

사리자여, 본심으로 세상을 보면 색이나 공이나 다르지 않고 같은 것이다. 본심자리에서는 '있는 것'이 곧 '없는 것'이다.

부처님, 제 눈으로 본 것을 어찌 없다고 할 수 있습니까?

사리자여, 보았다는 것은 보고 느끼는 것이 있어야 하는데 본심에는 아무것도 없으니 느낌과 인식도 없고 행동으로 옮기고 알음알이를 갖는 것도 역시 없는 것이다.

사리자여, 감각기관을 갖고 벌어지는 육체적 정신적 행동의 근본은 한결같이 본심에서 출발한 것이니 역시 없는 것이다.

부처님, 사람은 태어나면 늙고 병들고 죽는데 그것은 왜 그렇습니까?

사리자여, 세상의 모든 것은 본래 아무것도 없는 본심에서 생겨난 것이라 하지 않았느냐! 이 본심자리는 태어나거나 없어지는 그런 자리가 아니니라.

부처님, 왜 그렇습니까?

사리자여, 본심자리에는 본래 아무것도 없기 때문이다. 그러므로 늘거나 줄거나 더럽거나 깨끗한 것도 없느니라.

사리자여, 잘 들어 보아라. 세상만사는 무엇이 만든 것이라고 했더냐?

네, 부처님. 마음이 만들었습니다.

사리자여, 마음에는 이런 마음 저런 마음이 있는데 네가 지금 말하는 마음은 어떤 마음을 말하는 것이냐?

부처님, 본심을 말씀드리고 있습니다.

그렇다면 본심에는 무엇이 있다는 것이냐?

부처님, 아무것도 없습니다.

시리자여, 아무것도 없는데, 너는 무엇이 무엇을 가지며 무엇이 무엇을 더럽힐 수 있다는 것이냐?

부처님, 이제야 알겠습니다. 본심에는 더럽힐 것도 더럽혀질 것도 없고 늘거나 줄 것도 없습니다. 왜 불구부정不垢不淨 부증불감不增不減이라 하시는지 분명히 알겠습니다.

부처님, 뭇 생명들은 부지런히 먹이를 구하여 먹고 살을 찌우거나 재물을 저축하면서 삽니다. 열심히 공부하여 지식을 쌓아 자랑하기도 합니다. 부모들은 자식들에게 늘 '아는 것이 힘이다.'라고 말합니다, 늘지도 줄지도 않는다면 열심히 일하고 배워서 뭐 합니까?

사리자여, 그대는 조그마한 잔에 담긴 물을 바라보며 살고 싶은가? 아니면 저 넓고 넓은 바다를 바라보면서 살고 싶은가?

부처님이시여, 저는 부처님처럼 광활한 우주를 마음에 품고 사는 것을 늘 염원했습니다. 어찌 한잔의 물에 만족할 수 있겠습니까? 바닷물이 더 좋습니다.

사리자여, 여기 물이 가득한 물잔에 한잔의 물을 부으면 어찌 되겠느냐?

넘쳐흐를 것이니 더 담을 수가 없겠습니다.

그러면 한잔의 물을 저 바다에 부으면 바닷물이 넘쳐흐르겠느냐? 줄어들겠느냐?

부처님, 늘지도 않고 줄지도 않습니다. 오! 부처님, 저는 드디어 '늘지도 줄지도 않는다'가 무슨 뜻인지 알겠습니다.

사리자여, 그 뜻을 말해 보아라.

부처님, 세상에 큰 것이 많다고 하나 본심보다 큰 것이 없으니 세상살이 비좁다 궁색하다 하지 말고 온 세상을 감쌀 수 있는 본심으로 살아야 한다는 것을 알게 되었습니다.

사리자여, 그런고로 늘 본심으로 돌아가 살라고 하는 것이다. 왜냐하면 세상에 존재하는 모든 것은 너의 감각기관이 보고 듣고 느끼고 비교 판단하는 과정에서 좋고 나쁨이 생기기 때문이다. 이런 인식과정에서 일어나는 현상에 매달리지 말고 이 모든 것을 총괄하는 본심에서 보아야 세상을 바로 보는 것이다.

부처님, 그렇게 살려고 노력을 해도 늘 생각대로 안 되는 것은 왜 그렇습니까?

사리자여, 그럴 때면 잠시 생각해 보라. 그런 생각을 하는 것이 무엇인지 말이다.

부처님, 그것은 제가 하는 것입니다.

사리자여, 그러면 무엇을 '너'라고 하느냐?

부처님, 본심이 '저'입니다.

사리자여, 틀렸느니라. 너라 나라 하면 벌써 본심이 아니기 때문이다.

부처님, 그래도 지금 부처님이 하시는 말씀이 이렇게 또렷이 들리는 것은 부처님과 제가 마주 앉아 있기 때문이 아닙니까?

사리자여, 나도 있고 너도 있다면 어떻게 네가 내 말을 듣게 되는지 말해볼 수 있겠느냐?

부처님의 입에서 나온 목소리가 제 귀에 닿아서 듣게 되는 것입니다.

사리자여, 그렇다면 소리와 귀만 있으면 들린다는 말이냐?

부처님, 듣고자 하는 저의 마음이 있기 때문에 듣습니다.

사리자여, 그러면 너의 마음이 없으면 소리가 없다는 것이냐?

네, 그렇습니다.

사리자여, 그러면 그 생각은 어디서 나온다는 것이냐?

부처님, 제 본심에서 생겼습니다. 아! 저는 드디어 알겠습니다. 소리를 듣고 생각하고 알음알이를 만드는 데 있지 않습니다. 그래서 부처님께서 '감정도 생각도 알음알이도 없다'라고 하신 것을 드디어 알겠습니다.

부처님, 사람은 눈 · 귀 · 코 · 혀 · 피부가 있어 세상을 보고 듣고 냄새도 맛도 느끼고 피부로는 촉감을 느끼면서 좋다 나쁘다고 생각할 줄 알기 때문에 이것저것 가리면서 살고 있는데 어찌

하여 문제를 삼으십니까?

사리자여, 우리는 5개의 감각기관을 갖고 세상을 보고 듣고 생각하니 복을 타고 난 것이 틀림없다. 이 귀한 복을 잘 쓰면서 살면 누가 뭐라 하겠느냐? 쓸데없이 겉모양만 보고 공연한 탐심만 내고 있으니 하는 말이다.

부처님이시여, 어떻게 하면 이런 탐심을 없애버릴 수 있습니까?

사리자여, 네가 한번 말해 보아라.

부처님, 제 생각으로는 탐심이 생기는 대로 사정없이 잘라버려야 하겠습니다.

사리자여, 너는 생각을 잘라버릴 수 있다고 보느냐? 그리고 생각을 하는데 시간이 얼마나 걸린다고 생각하느냐?

부처님이시여, 눈 깜짝할 사이에도 수없이 많은 생각이 떠오릅니다.

사리자여, 그렇다면 너는 탐심을 잘라버리는 일만 해도 한순간도 쉴 새가 없겠구나! 그것은 현명한 방법이 아니니라. 농사짓는 농부가 김을 맬 때 뿌리는 그냥 놔두고 잎만 뜯는 격이니라.

부처님, 이제야 알겠습니다. 중요한 것은 본심이지 곁가지인 눈 · 코 · 귀 · 혀 · 피부가 아니라 하신 깊은 뜻을 잘 알겠나이다.

부처님이시여, 아침에 눈을 뜨자마자 바삐 움직이며 삽니다. 이 세상을 어떻게 대하여야 합니까?

사리자여, 눈을 떠도 볼 수 있는 것이 아무것도 없다면 어떻겠느냐? 네가 사막 속에 있거나 망망대해 한가운데 무인도에 홀로 있다면 안계가 있다고 하겠느냐? 없다고 하겠느냐?

부처님이시여, 시야는 있으나 보이는 것이 없으니 안계는 없는 것과 다를 바 없습니다. 그러나 너무 외로워서 살 수 없을 것 같습니다.

사리자여, 매일 많은 사람들로 북적대는 군중 속에서 시달리며 산다면 어떻겠느냐?

부처님이시여, 그것도 괴로운 일이 분명합니다.

사리자여, 너는 넓은 곳도 비좁은 곳도 싫다하니 네가 편히 머물 곳이 어디냐?

부처님이시여, 저는 찾았습니다. 그곳은 제 눈으로 보는 바깥세상에 있지 아니하고 저의 마음속에 있음을 드디어 알게 되었나이다. 본심자리에서 벗어나 저의 생각과 알음알이를 갖고 세상을 보았기 때문에 외로움과 번잡함이 있다고 생각했습니다.

사리자여, 사람들이 본심을 벗어나는 것은 어리석음 때문이니라.

부처님, 어떻게 하면 무명에서 벗어날 수가 있습니까?

사리자여, 너는 이미 인간의 어리석은 생각과 알음알이가 무엇인지도 알고 어떻게 생겨나는지도 알고 있지 않느냐?

예, 알고 있습니다. 부처님 저는 하루 속히 무명에서 벗어나 본심으로 살겠습니다.

사리자여, 본심은 어떤 곳이냐?

부처님, 텅 비어 있어서 생각이 발붙일 수 없는 곳이니 무명에서 벗어나야겠다는 생각마저도 일어날 수 없는 곳입니다.

사리자여, 그렇다. 그래서 너에게 말하노니 네가 깨달음을 성취하려면 무명을 다하고 또 다했다는 생각마저도 없어야 한다. 역무무명진해야 하느니라.

부처님, 사람이 이 세상에 태어나면 누구나 나이가 들고 병이 들어 결국은 죽게 됩니다. 그래서 늙어가는 것을 두려워합니다. 이 숙명적인 생 · 로 · 병 · 사에서 벗어나는 길은 없습니까?

사리자여, 너도 늙어 죽는다고 생각하느냐?

부처님, 저도 육신을 갖고 태어났는데 어찌 죽지 않을 수가 있겠습니까? 정신적 고통은 마음으로 다스린다 해도 육신이 늙어서 겪는 고통은 어떻게 해야 합니까?

사리자여, 너는 무엇을 '너'라고 하느냐? 너의 육신을 '너'라 하느냐? 아니면 너의 정신을 '너'라 하느냐? 너의 정신이 있다면 그 정신은 무엇이냐?

부처님이시여, 본심에는 몸이라는 생각도 없는데 몸이 늙는다는 것이 있을 수 없습니다. '늙음이 없다'라는 생각마저도 없습니다.

부처님, 중생들이 스트레스와 불안 공포 없이 편히 살 수 있는 곳이 있습니까? 있다면 그곳은 어디이며 어떻게 갈 수 있습니까?

사리자여, 너는 진정 고해로부터 벗어나 고통이 없는 안락한 곳, 열반에 이르기를 원하느냐?

부처님, 그곳이 어디이며 그곳으로 가는 길을 일러주십시오.

사리자여, 내가 이미 깨달음에 이르는 네 가지 진리의 길을 말하지 않았더냐?

네, 부처님께서 '고집멸도'의 사성제를 이미 설하여 주셨습니다.

사리자여, 나는 또 너에게 한 생각도 일어나지 않는 본심자리를 보여 주지 않았느냐?

네, 부처님. 그렇게 하셨습니다.

사리자여, 본심자리에서 보면 사성제가 잘 보이느냐?

부처님, 아무것도 없습니다.

부처님이시여, 놀랍게도 제가 무명을 타파하고 지혜를 얻었다거나 열반에 이르렀다는 생각마저도 없습니다.

사리자여, 지금 너처럼 무엇인가를 얻었다는 생각마저도 없기 때문에 너는 이미 한 생각도 없는 적정한 본심(열반)에 이른 것이니라. 장하다, 사리자여. 너는 본심에 바로 머물고 있구나! 본심자리에는 '고집멸도'라고 할 만한 것도 없느니라.

부처님, 제가 지금 머물고 있는 곳에는 '고집멸도'라는 것도 없나이다. 이곳이 어디입니까?

사리자여, 잘 들어라. 너는 이미 무명에서 벗어나 밝은 지혜를 얻었구나. 네가 머물고 있는 곳이 바로 고통이 없는 열반이다. 보살 되는 길은 딴 곳에 있지 않다. 모든 보살들이 이 최상의 지혜의 결정체인 '반야바라밀다'를 수행하여 모든 장애에서 벗어날 수 있었다. 너는 본심의 세계를 살 수 있다고 할 수 있느냐?

부처님, 네. 그러하옵니다.

사리자여, 그렇다면 세속의 번뇌와 고통을 벗어나 안락한 세상에서 살고 있다고 말할 수 있겠느냐?

부처님, 그렇습니다.

사리자여, 너는 본심의 세계에서 살고 있다. 그렇다면 세속의 불안과 고통을 벗어났다고 말할 수 있겠느냐?

부처님, 이 본심의 세계는 광활하고 아무것도 없어 걸릴 장애물도 없습니다. 아무런 걸림이 없는데 무엇을 두려워하겠습니까. 두려울 것이 없으니 안락한 삶을 살고 있습니다.

사리자여, 너는 이미 중생이 겉만 보고 옳다고 믿었던 것이 옳은 것이 아니고, 그르다고 탓했던 것들이 모두 잘못되었음을 알게 된 것이다. 사람들이 가장 두려워하는 죽음도 죽는 것이 아니라는 것을 알게 되었도다.

부처님, 저는 드디어 사람이 행복하게 영원히 죽지 않고 사는 길은 바로 열반밖에 없다는 것을 알게 되었나이다. 이전에는 감히 상상도 할 수 없었던 세상을 찾았습니다.

사리자여, 과거에 출현하셨던 모든 부처님들도 한결같이 이 '반야바라밀다'를 행하여 본심을 찾아 부처가 되신 것이다. 지금도 그리고 앞으로 다가올 미래세에도 그리될 것이다. 그래서 '반야바라밀다'를 부처를 만드는 경이라고 하느니라.

부처님이시여, 이 '반야바라밀다'의 위력이 참으로 놀랍습니다. 불안 속에서 사는 고통 받는 중생들을 단번에 해탈케 하여 영원한 평안을 누리며 살 수 있도록 하니 참으로 신통하기 그지없나이다. 마치 제가 무슨 주문에 걸려든 것 같기도 합니다.

사리자여, 너만 그런 생각을 하는 것이 아니라 과거 현재 미래의 3세 모든 부처님들께서도 같은 생각을 하셨다. 그래서 '반야바라밀다'를 신통한 주문이며, 무명을 타파하여 밝은 지혜를 갖게 하는 빛나는 주문이며, 더 이상의 것이 없는 최상의 주문이라고 했고 아무리 찾아봐도 견줄 수 없는 주문이라고 하는 것이다. 열반의 문을 여는 열쇠와 같은 것이니 잘 간직하여야 하느니라.

부처님이시여, 잘 알고 있습니다.

사리자여, 그러기에 이 주문은 모든 고통을 없애주는 열쇠니라. 내 말에는 조금도 진실에서 벗어난 것이 없으니 의심치 말라.

부처님, 그러면 주문은 어떤 것입니까?

사리자여, 잘 들어라, 너에게 주문을 일러주겠노라.

아제아제 바라아제 바라승아제 모지 사바하

아제아제 바라아제 바라승아제 모지 사바하

아제아제 바라아제 바라승아제 모지 사바하.

| 나가는 글 |

사사로운 대담을 갖는 것과 그 내용을 출판하는 것과는 상당한 차이가 있다. 더욱이 유명한 「반야심경」을 불교학자도 스님도 아닌 재가불자가 각색하고 해설한다는 것은 아주 무모한 일인지도 모른다.

그러나 농업학교를 나와야만 농사를 짓는 것은 아니다. 농촌 사람들은 그냥 짓는다. 농학자의 연구 논문도 중요하지만 농민들이 사랑방에 모여 주고받는 농사짓는 이야기 속에서도 삶의 지혜를 배운다. 손바닥만 한 텃밭이나 넓은 농토에서 밭 갈고 씨뿌리고 가꾸는 농심은 크게 다를 바 없어 하늘과 땅에 감사하며 산다. 세속생활에서 겪는 스트레스며 고통도 선방 스님의 마음과 통하는 바가 많다. 세찬 바람에 흔들리는 가지에 매달린 잎은 땅속 깊이 박힌 뿌리의 존재를 일러주듯이 불교경전 속에서 발상의 전환이 돋보이는 귀중한 지혜의 힘을 젊은이들에게 일러주고 싶다. 세계의 실상을 꿰뚫어보는 통찰력과 무궁무진한 마음의 세계를 스마트하게 기술해 놓았기 때문이다.

일주일 여행을 하고도 여행기를 쓴다. 여행 중에 맛본 음식과 경치가 어떻다는 등 기록을 남긴다. 그런데 무궁한 마음의 세계를 수십 년간 구경하면 감상 글을 남길 만도 한데 불자들은 말과 글을 아끼는 것 같다. 보고 또 봐도 놀라움이 가득한 마음인데 농사일이 바쁘다고 감상문은 나중에 쓰자며 뒤로 미루고 있다. 그리고 너무 신기한 일이 많아 어떻게 말과 글로 표현할지 모르기에 그러하기도 한다.

「반야심경」은 깨달음을 원하는 '사리자'에게 일러준 '부처님'의 진솔한 이야기이다. 한자로 된 경전이 현대 젊은이들의 눈에는 너무도 비현실적이고 멀고 아득해 보인다는 말을 많이 듣고 있다. 그래서 그들이 쉽게 이해할 수 있도록 생활 속의 일을 바탕으로 「반야심경」을 사랑방 대담형식으로 각색하였다. 책의 내용은 대담에 참여하였던 분들과 나눈 이야기를 바탕으로 편집하였으며 되도록 많은 삽화를 넣어 독자들에게 다가가도록 노력하였다.

이 책의 출판에 앞서 감사하지 않을 수 없는 많은 분들이 있다. 초보 농민에게 이웃집 할아버지와 아저씨처럼 친절하게 마음 농사법을 가르쳐주시고 현재는 극락에 계시는 겸우 선사, 현구 선사, 정무 대종사님께 삼배의 예를 올린다. 그리고 책으로 엮는 동기를 마련해 주시고 편집을 도와주신 김예옥 님, 출판 경비를 지원해 주신 민태식 님에게 감사하며 원고를 성심껏 검토해주신 김현욱 교수님, 권순국 교수님과 밝훈 박사님께 사의를 표한다. 그리고 기꺼이 귀한 추천의 글을 보내주신 분들께 존경과 감사의 마음을 표한다.